われわれの友、ビリー、グッチオ、アレクシス、そしてジェレミー・ハモンドへ

JN175013

われわれの友へ

不可視委員会 著　HAPAX 訳

別の世界は存在しない。別の生き方があるだけだ。

——ジャック・メスリーヌ

A.C.A.B.

蜂起はついに到来した

蜂起はついに到来した。二〇〇八年以来、蜂起はすさまじい勢いであまりにも多くの国で生起している。まるで、この世界という大建造物がぼろぼろと崩落していくかのようである。一〇年前に蜂起の到来を預言しようものなら、腰をおちつけたお偉方たちの嘲笑を浴びただろう。今日では、秩序への復帰を予告するやつらこそが道化にみえる。ベン・アリーのチュニジア、エルドアンの多忙なトルコ、社会民主主義のスウェーデン、バアス党のシリア、精神安定剤漬けのケベック、ビーチとボルサ・ファミリアと警察治安部隊のブラジルほどゆるぎないものはないといわれてきた。ことの顛末はご存知だろう。安定性は消滅した。政治も同様であり、いまや逡巡なしにAAAの格付はありえない。

蜂起はいかなる時、いかなる場所でも、どんな理由からでも生起する。そしてありとあらゆる結果をひきおこす。崖っぷちを歩く指導者どもは自分の影にさえおびえている。「みんな出ていけ！」のスローガンはいまや民衆の知恵となった。口伝えのささやきであるそれは、時代の通奏低音となって、もっとも予期せぬ瞬間に斧のようにふりあげられる。政治家のなかには、それを選挙の公約にかかげるほど**抜け目のない**やつらもいる。やつらに選択の余地はない。いかんともしがたい嫌悪感、まじりけなしの否定性、有無をいわせぬ拒否。これらだけが現行のモメントにおいて識別される政治的な強度なのだから。

到来したのは蜂起であって革命ではない。ここ数年にしめされたほど短期間のうちに公式権力の座が次々と——ギリシャからアイスランドまで——襲撃されたためしはなかった。都市のど真ん中を占拠してテントをはり、てばやくバリケードや食堂やバラックをこしらえて集会をひらく。こうした流儀は、かつてのストライキがそうだったように、政治の基礎的な反射行動としてやがて定着するだろう。時代に固有の常套句の数々が生みだされつつあるかのようである。その筆頭が「A.C.A.B.《オール・コップス・アー・バスターズ》（ポリは全員クソ）」だろう。この奇妙なインターナショナルはいまや、カイロやイスタンブールであれ、ローマやパリやリオであれ、反乱が生起するたびに都市の壁面にちりばめられるのである。

ところが、世界中で騒乱がいかに大規模化しても、革命はいたるところで暴動の段階で窒息してしまうかのようである。せいぜい、政権交替がいっとき世界変革への欲求をいやすだけで、やがてもとの不満につれもどされてしまう。最悪の場合、革命は、まさしく革命の名において革命を抹殺するやつらの足がかりにされてしまう。フランスをふくめ各地で散見されるように、充分な自信をそなえた革命勢力の不在は、まさしく自信のあるふりをスペクタクルに仕立てあげることが売りのファシストの連中を増長させている。無力が腐臭をまきちらしているのである。

率直に認めなければならないが、われわれ革命派はかくも一敗地にまみれている。それは二〇〇八年以降、われわれが目的としての革命に到達できなかったからではない。われわれが**プロセスとしての**革命をずっと手放してきたからである。ひとは失敗にさいして、その責任を全世界になすりつけ、鬱積したルサンチマンからありとあらゆる弁解を、**科学的な**弁解さえも引き出すことができる。だが、あるいはまたわれわれ自身のうちにひそむ敵の拠点について改めて問うこともできるのである。偶然ではなく繰り返されてきたわれわれの敗北を決定づけてきたものについて。われわれはたとえば、革命派のうちに残存する**左翼的なもの**について自問してもよいだろう。それは、革命派の敗北を運命づけているばかりか、革命派をほとんど全般的な嫌悪の的にしているところのものである。無能であるくせに道徳的なヘゲモニーを公言してはばからないある種の流儀、あれは革命派が左翼から受け継いだ悪癖にほかならない。正しい生き方なるものを指図してくるあの耐えがたいうぬぼれもそうである。じつに進歩主義的で教養をそなえ、近代的で良心的、脱構築されておりいささかも手を汚さない、正しい生き方なるものを。そんな説教を聞かされれば誰だって殺意すらおぼえるだろう。だから、偏狭で蒙昧主義的、時代おくれのどん百姓である保守反動の陣営からいきなり相手にされなくなるのである。革命派は執拗に左翼に対抗するが、それによって左翼から解放されるどころか、左翼の領域にしばりつけられてしまうだけである。舫い綱をほどこうではないか。

『来たるべき蜂起』以降、われわれは時代が赫々と燃えあがっている場所へとおもむいた。われわれは読み、闘い、あらゆる国のあらゆる傾向をもつ仲間たちと議論し、かれらとともにこの時代の不可視の障壁にぶつかった。われわれのなかには死んだ者も、獄舎につながれた者もいる。だが屈してはいない。諸世界を構築することも、この世界を攻撃することもあきらめてはいない。旅を経てわれわれの確信はゆるぎないものになった。われわれが生きてきたのは間歇的でたがいを知らないばらばらの諸反乱ではない。だからそれらをよりしっかりと連結すべきだという確信である。リアルタイムの情報は知覚の予測管理をつうじて、諸反乱がつながっていないかのような演出をする。そこにこそ、知覚という微細なスケールからすでに開始される蜂起鎮圧の作用がある。われわれは散発的な諸反乱と同時代なのではない。知覚されないものとなって交流しあう、唯一にして世界的な蜂起の波と同時代なのである。あまねくゆきわたった分離のみに裏打ちされた全世界的な出逢いへの渇望と同時代なのであり、あまねくゆきわたった細分化への断固たる拒否にほかならぬ警察への全般的な憎悪と同時代なのである——細分化を管理しているポリのやつらへの。いたるところに看取される同じ不安の根底には同じパニックがひそんでいる。それらに抗して不意にめざめるのも同じ尊厳——尊厳であって義憤《アンディニャシオン》ではない——である。二〇〇八年から世界中で生じているのは、ナショナルな密閉空間のそれぞれに突拍子もなく生起するなんの脈絡もない一連の噴出ではない。それはギリシャからチリまで、時間と空間の厳密な一貫性のなかでくりひろげられる、唯一の歴史的シークエンスである。**たしかな感覚に裏打ちされた世界的な**視座だけが、その意味作用を解き明かしうる。そのシークエンスをめぐる熱烈な思考を、われわれは資本のシンクタンクの連中だけにゆだねておくわけにはいかない。

　蜂起というものはすべて、どれほど局地的であっても、それ自体をこえて合図をおくる。いかなる蜂起にも即座に世界的な何かがふくまれている。蜂起のさなかでわれわれはともに時代の高みに達するのである。だがまた、われわれがみずからの奥底に降りてゆくのを受け入れ、生き、見、感じ、知覚するものへと沈潜するならば、時代はわれわれの奥底にもみいだされる。そこには認識の技法と行動の規則がある。そこにはまた、街頭闘争の純粋な強度と、孤独者の虚飾なき自己現前との通底を解きあかすものがある。それぞれの状況の奥底に、各人の奥底に、時代をさがさなければならない。「われわれ」が出逢い、地球の各地に四散しながらも、ともに前進する本物の友情が結ばれるのはそこにおいてである。

　陰謀論者が反革命なのは、陰謀というものを、たかだか権力者の特権くらいにしか考えられないからである。権力者が保身や勢力拡大のために陰謀をはたらくのはあたりまえだろう。だが、**あらゆる場所で陰謀が企てられている**こともまた明らかである——マンションの玄関口で、コーヒー自販機の周囲で、ケバブ屋の裏で、占拠した建物や広場で、アトリエや刑務所で、パーティや情事で。こうした関係のすべて、会話のすべて、友情のすべてが世界規模で、まごうかたなき歴史的な党——マルクスが「われわれの党」と呼びならわしたもの——をいままさに毛細状に織りなしている。万物の秩序という客観的陰謀にたいして、われわれが事実上属している拡散的陰謀が存在するのである。だが、党内は混乱をきわめている。われわれの党はいたるところでみずからのイデオロギー的遺産と衝突してしまう。打ち負かされ、葬り去られたにもかかわらず、崇敬をもとめてくる革命的伝統のシナリオに足をとられてしまうのである。ところで、戦略的知性とは頭脳からではなく情動からわきおこってくるものであり、イデオロギーの弊害とはまさしく、思考と情動を遮断するところにある。いわばわれわれは、われわれがすでにいる場所へとドアをこじ開けなければならない。構築すべき党とは唯一、すでにそこに存在する党のことである。われわれに共通の状況、グラムシがいうところの「共通の大地性《テレストリチュード》」の明晰な把握をさまたげている心理上のがらくたを処分してしまわなければならない。われわれは遺言などおかまいなく遺産をわが物とする。

「われわれは九九パーセントだ」というキャッチフレーズの有効性は、あらゆる広告コピーと同じく、それが語る内容ではなく、語らないことがらに由来している。それが語らないのは一パーセントの強者の素性である。一パーセントの特徴は、やつらが富豪だということではないし——合衆国の富豪は一パーセントよりもずっと多い——セレブだということでもない——やつらは目立たないそぶりをしている。それに今日では、束の間の栄光くらい誰でも手に入れられるだろう。一パーセントの特徴、それはやつらが**組織化されている**ということである。やつらは他人の生を組織化するためなら組織ぐるみで策動することもいとわない。「われわれは九九パーセントだ」というスローガンの真意は、数値がなんの意味もなさないだけにひときわ残酷である。すなわち、われわれは九九パーセントでありえながら完膚なきまでに支配されうるのである。逆に、トッテナムでの集団的略奪がはっきりとしめしてみせたように、われわれは自己組織化するやいなや貧者ではなくなる。たんなる貧者の群集と、ともに行動しようと決意した貧者の群集とでははるかな違いがあるのである。

自己組織化とは、同じ組織に加入することではまったくない。そうではなく、どんな水準においても共通の知覚にもとづいて行動することである。状況に欠けているのは「人々の怒り」でも生活の貧窮でもないし、活動家の熱意でも批判精神の拡散でもない。ましてやアナキスト的みぶりの増殖でもない。われわれに欠けているもの、それは状況をめぐって共有された知覚である。この結合剤なしには、諸々のみぶりは跡形もなく消え去ってしまうだろうし、人々の生はたんなる夢想で織りなされ、蜂起は教科書のなかで息絶えてしまうだろう。

不安を喚起するか、たんにスキャンダラスなだけの日々の情報の横溢によって、この世界の包括的な理解など不可能ではないかというわれわれの懸念がかたちづくられている。世界の混沌たるさまは戦争の粉塵であり、その背後で世界はおのれを攻略不可能なものにみせかけている。ところが、世界はその統治不可能な様相によってこそ、**現に**統治可能なのである。ここに計略がある。危機のマネジメントを統治の技法としてとりいれた資本は、たんに進歩への崇拝をカタストロフの恐喝でおきかえただけではない。資本にとって、現在時をめぐる戦略的な知性と、進行中の諸々のオペレーションをみわたせる眺望とを確保する必要があったのである。われわれは、かかる資本の攻勢を凌駕しなければならない。戦略としては、グローバル・ガバナンスの二手先を制する必要がある。脱出すべき「危機」などない。われわれが勝利すべき「戦争」が進行しているのである。

状況をめぐって共有される知性が生みだされるのは、唯一のテクストからではなく国際的な議論からである。議論がなされるためには賭け金がなければならない。本書はそのひとつである。われわれは革命派の伝統と態度を歴史的局面という試金石にかけ、革命というガリヴァーを地面に縛りつけている無数の理念の糸を断ち切ろうとこころみた。いかなる通路、いかなるみぶり、いかなる思考が現在の袋小路を打開してくれるのか、われわれは手さぐりですすんだ。革命運動というものはかならず、われわれがおかれた状況と、そこに亀裂を走らせる可能性とを同時に言明しうる言語をたずさえている。以下につづく文章はそうした言語の練りあげにささげられている。そのため本テクストは八カ国語、四大陸で同時的に刊行される。われわれがいたるところに存在し、大勢をなしているのなら、いまこそわれわれは世界的に自己組織化すべきである。

目次

凡例

原文イタリックは太字で示した。

訳注は本文中に〔　〕で示した。

Athènes, décembre 2008

メリー・クライシス・アンド・ハッピー・ニュー・フィヤー

一　危機は統治の一様態である
二　真のカタストロフは実存と形而上学のカタストロフである
三　アポカリプスは失望させる

一

われわれ革命派は、近代史を寝取られたまぬけな男たちである。しかも寝取られ男というのは、自分への裏切りの共犯者でしかありえない。苦い事実である、だからたいていは否認されている。われわれは**危機**を盲信してきた。あまりにも古くからの盲目的な信奉であるために、ネオリベラルな秩序が危機を攻撃手段のかなめとしている事態を、われわれは理解できなかった。マルクスは一八四八年の直後に書いている。「新しい革命は新しい恐慌の結果としてのみ起こりうる。しかし革命はまた、恐慌が確実であるように確実である」。じっさい、マルクスはその後の日々において危機をむなしく待望しつづけ、世界経済が痙攣するたびに、資本の終わりのはじまりをつげる大恐慌を預言した。マルクス主義者のなかにはいまだに、現在の危機こそ「ビッグ・ワン」だといって喧伝し、かれら流の奇妙な最後の審判をなおも待望せよと指図してくるやつらもいる。

「変化を承服させたければ危機をひきおこせばよい」。ミルトン・フリードマンは秘蔵のシカゴ・ボーイズにつねづねそう助言した。以来、資本は危機を恐れるどころか、むしろ危機を実験的につくりだしてきた。故意に雪崩をひきおこして、その規模とタイミングをコントロールするという手口であり、あるいは、平原に火を放っておいて、このままでは燃料不足で火が消えてしまうといっておどす手口である。危機が「いつどこで」生じるかはタイミング次第でもあるし、戦術上の要請でもある。公然の事実であるが、ＥＬＳＴＡＴ（ギリシャ統計局）の局長は二〇一〇年の就任直後、トロイカによるギリシャへの介入を正当化するために国債総額を改竄し、それをより深刻化してみせた。いわゆる「国債危機」は、危機下の国を「支援する」というふれこみのＩＭＦに当時なお正式に雇われていたひとりのエージェントによって仕掛けられたのである。賭けられていたのは、ヨーロッパの一国で、社会の完全な鋳直しというネオリベラリズムのプロジェクトをためすことであり、「構造調整」を内実とする政策の効き目をたしかめることだった。

近代をとおして、危機というのは医学的な意味を含んでいた。それは思いがけず、あるいは周期的に発生する自然な発作を意味していた。危機は決断をせまる。その決断いかんで、危機的状況における全般的な不安定性にけりがつけられるだろう。ことなきをえるかどうかは、適切な治療行為がなされるかどうかにかかっている。それゆえ危機的モメントとはまた批判的検討のモメントである——症候とそれにたいする治療行為をめぐって議論がかわされるつかの間の時間。だが、いまや事情はまったく異なる。治療はもう危機を終息させるためのものではない。危機はむしろ逆に、治療を導入するためにわざとつくりだされるのである。構造改革《リストラクチャリング》の標的をめぐって「危機」がいわれるのは、打倒すべき対象を「テロリスト」と名指すこととまったく同じである。かくして二〇〇五年にフランスで喧伝された「郊外の危機」は、過去三〇年で都市計画の名のもとに「郊外」に仕掛けられた攻撃のうちでもっとも熾烈な攻撃の開始をつげるものだったのであり、それを内務省が直接指揮したのである。

ネオリベラリストによる危機の言説は二枚舌である――仲間うちでは「二重真理」といいたいのだろうが。危機は一方で「創造的破壊」による賦活的モメントであり、それによってチャンスとイノベーションとアントレプレナーたちがつくりだされる。鉄壁の動機をたずさえ、競争力にまさる最良のアントレプレナーだけが生き残るだろう。「結局は『創造的破壊』こそが資本主義のメッセージなのだろう。新しいもののために廃れたテクノロジーや古びた生産様式を排斥すること、それだけが生活水準を向上させる唯一の方法なのである。[……]資本主義はわれわれ各人のうちで葛藤を生じさせる。われわれは攻撃的なアントレプレナーになったりカウチポテトになったりをくりかえしている。カウチポテトであるとき、われわれは内心で、競争やストレスが軽減され、万人が同じ収入を手にするような経済をのぞんでいる」。こう述べているのは、一九八七年から二〇〇六年まで連邦準備制度理事会議長をつとめたアラン・グリーンスパンである。他方で、危機の言説は人口管理の政治的手法としても介入する。組織編成や生活保護であれ、企業や自治体であれ、あらゆるものを恒常的に再編する。生存条件をたえずひっかきまわすことが、敵陣の非在を組織するとっておきの方法なのである。変化を呼びかけるレトリックは、習慣のいっさいを解体し、あらゆる結びつきを断ち切るためにもちだされる。確かなものすべてに揺さぶりをかけ、連帯のことごとくを委縮させ、生存の不安定性を慢性化させるために。その戦略を定式化すればこうなるだろう。「恒常的危機によって事実上の危機のすべてを未然にふせぐこと」。これは、日常生活の水準においては「不安定にすることで安定させる」というおなじみの対蜂起作戦のやり方と地つづきであり、権力にとってその実践は、故意にカオスをひきおこして革命よりも秩序を望ましいものにみせるやり方である。マイクロマネジメントから一国のマネジメントまで、人口を一種の恒常的なショック状態にひたして呆然自失の孤立においつめておけば、個人だろうと集団だろうと、およそおもいのままにつくりかえてしまうことができる。ギリシャ人たちが目下おちいっている集団的な鬱状態は、トロイカの政策が**意図的に**もたらしたものであり、そのたんなる副作用ではない。

危機とは経済的事態ではなく、統治の**政治的**技術にほかならない。サブプライムのペテンが瓦解するやいなや、あわてて「ネオリベラリズムの死」をとなえて失笑を買うやつらが出てくるのは、そのことを理解できていないからである。われわれは資本主義の危機を生きているのではない。危機資本主義の圧倒的勝利をみせつけられているのである。「危機」が意味するのは統治の増大である。「危機」は支配の究極原理となった。近代において万物は後進性のものさしではかられてきた。近代はわれわれを後進性から救出すると主張したのだった。いまや、万物の尺度はさしせまった崩壊である。ギリシャの公務員は、一銭も支払われないよりは五〇パーセントの給与減額を受け入れろといっておどされる。フランスでは、サラリーマンの年金受給開始年齢が引き上げられるたびに「年金制度を救うため」という口実がもちだされる。永続的かつ全面的な現今の危機は、もはや決定的瞬間という意味での古典的危機ではない。それどころかこの危機は、終わりなき終わりの持続的なアポカリプス、際限のない宙吊り状態、本当の崩壊の効果的なひきのばしである。まさしく恒常的な例外状態にほかならない。現在の危機はもうなにも約束しない。それは逆に、統治の手段をめぐる制約から統治者を解放するのである。

二

どんな時代も唯一無二でありたいとねがうもの。時代というものは傲慢である。われわれの時代はといえば、惑星規模の環境危機、民主主義政体全般の政治危機、無情なるエネルギー危機の歴史的な衝突がもたらされたことが誇らしくてしかたがない。しかもそれらの最後を世界経済危機がかざるのである。それはひそかに進行しつつも「過去一世紀にわたって類例をみない」事態だという。比類ない時代を生きていると考えただけで快感はいっそうかきたてられる。だが、われわれは遅くともすでに一九七〇年代初頭には、総合的危機という悪しき星のもとにおかれていた。この事実をたしかめるためには、七〇年代の新聞をめくるだけでよい。あるいはまた、一九七二年にローマ・クラブがまとめた

成長の限界をめぐるリポート、一九七〇年三月にサイバネティストのグレゴリー・ベイトソンが発表した論文「環境危機の根源」、一九七五年に三極委員会が出版した『民主主義の危機』をひもとくだけでよい。その経緯は、ジョルジョ・セザラーノの『アポカリプスと革命』(一九七二年)のようなテクストで明快に分析されている。第七の封印が特定の時期に解かれたのだとしても、それは昨日今日に始まったことではない。

まぎれもない公的機関であるCDC(アメリカ疾病予防管理センター)は二〇一二年末、いつもと趣向をかえてグラフィックノベルを配布した。タイトルを『ゾンビ・アポカリプスへの心構え』という。テーマはたわいもない。自然災害や原子力カタストロフ、システムのブラック・アウトや蜂起にいたるまで、人口はありとあらゆる不測の事態にそなえておくべきだというものである。それはこう結ばれている。「ゾンビ・アポカリプスへの心構えができていれば、どんな事態にも対処できる」。ところで、ゾンビという形象はハイチのブードゥー文化に由来している。そして、アメリカ映画にくりかえし登場する反乱ゾンビの大群は、黒人プロレタリアートによる一斉蜂起の脅威のアレゴリーとして用いられている。つまり、**そなえておくべき**は**それ**なのである。ソヴィエトの脅威を煽りたてて市民の精神病的結束をはかることができない今となっては、人口が自己を、すなわち**システムを防衛する**意思をしめしてくれるなら、どんな口実だろうとゆるされる。恐るべき終末を未然にふせぐために恐怖を維持せよ。

西洋のあやまてる意識のすべてがこの権威公認のアメリカンコミックに凝縮されている。もちろん、本物の生ける死者とはアメリカ郊外のプチブルジョワジーにほかならない。いうまでもなく、サバイバルのための凡庸な懸念や充分に所有できていないという経済的不安、すなわち文字どおり耐えがたい生の形態 (forme de vie) にまつわる感情は、カタストロフ到来後のものではなく、ネオリベラル体制下におけるめいめいの必死の生存競争をいままさに駆りたてているものである。零落はおとずれるかもしれない恐怖ではなく、すでに日常のうちで生きられている。誰もがそれをまのあたりにし、知り、感じている。ウォーキング・デッドとはサラリーマンのことである。この時代がアポカリプスの上演に夢中になっているのは――それは映画作品の大半を占めている――その種の娯楽がもたらす美的享楽のためばかりではない。そもそも『ヨハネの黙示録』にはすでにハリウッド流の幻想趣味がでそろっていた。空から攻撃をくりだす怒り狂った天使やら、滑稽千万な洪水やら。つまりは災禍のスペクタクルである。郊外の一戸建に暮らす**はなはだ生気のない**サラリーマンに、生きているという実感をいささかなりとも呼びさましうるのは、全世界の滅亡と全人類の絶滅ぐらいしかない。「なにもかも終わってしまえ！」と「どうにか生きのびてくれ！」は、文明化された困窮が交互にもらすふたつの嘆息である。そしてそこには、人生はある種の猶予期間であって断じて充溢ではないという、カルヴァン主義的な古くさい禁欲主義への嗜好がともなっている。かつて「ヨーロッパのニヒリズム」が取り沙汰されたのも無駄ではなかった。ヨーロッパのニヒリズムはあまりにも大量に輸出されたために、いまや世界中がそれであふれかえっている。「ネオリベラル・グローバリゼーション」のかわりにわれわれが得たもの、それはとりわけ**ニヒリズムのグローバリゼーション**である。

二〇〇七年にわれわれはこう述べた。「われわれが直面しているのは一社会の危機ではなく、一文明の消滅である」。当時そんなことをいえば狂信者とみなされたものである。だが「危機」はそのとおりの運命をたどった。ATTACでさえ「文明の危機」――やつらにしては上出来ではないか――に考えがおよんでいる。より冴えているのは、イラク戦争帰りの退役軍人で「戦略」コンサルタントにおさまったというアメリカ人である。かれはニューヨークタイムズ紙上でこう語っている。「いま、未来をうかがうわたしの脳裏に、荒れくるう大波がマンハッタン南部に押し寄せる光景が浮かんでいる。飢餓暴動が、ハリケーンの襲来が、環境難民の群れがみえている。第八二空挺連隊の兵士が掠奪者たちにむけて銃を乱射している。どこにも灯りひとつない。港は荒廃している。あれはフクシマの核廃棄物だろうか。伝染病が猛威をふるっているようだ。バグダードが、水浸しになったロッカウェイがみえる。次々と目に浮かぶのはおそろしく不安定な世界である。[……]気候変動がよびおこす問題は、国防省が資源争奪戦争にむけた準備をどうすすめるかではない。アルファベット・シティをまもるための防波堤をどうするかでもないし、われわれがいつホーボーケンから脱出すべきかでもない。その問題は、プリウスに買い替え、条約に批准し、エアコンを消したところで解決できない。核心にあるのは哲学の問いである。すなわち、われわれの文明が**すでに死滅している**ことをどう理解すればよいか」。第一次世界大戦直後には、文明はまだ「致命傷を負った《モーテル》」としかいわれていなかった。しかしそれは、まさに語のすべての意味において正しかったのである。

じっさい、西洋文明の死という臨床診断が様々な出来事に副署され確定事項となったのは、一世紀も前のことである。以来、その点について長々と論じるのは気晴らしのためでしかない。とりわけ**そこにある**カタストロフから気をそらせるための流儀である。久しい以前から**われわれ自身がそうであるところの**カタストロフ、西洋**という**カタストロフから。それはなによりも実存と情動と形而上学のカタストロフである。それは西洋的人間における世界からの奇妙な疎遠感のうちにある。たとえば、西洋的人間が自然の所有者や主人のような顔をしてふるまっているのはその疎遠感のせいである——ひとは恐れるものしか支配しようとはしないだろう。西洋的人間がおのれと世界とのあいだにかくもびっしりと**スクリーン**をはりめぐらせているのも偶然ではない。西洋的人間は、みずからを実存するものから疎隔することで、それをあの荒廃した延長なるもの、陰鬱で冷やかな機械仕掛けのばかげた無にしてしまった。西洋的人間はそれをみずからの**労働**によって、癌性のアクティヴィズムによって、浅薄でヒステリックなアジテーションによって、たえずひっかきまわしていなければならない。多幸感から呆然自失へ、呆然自失から多幸感へとひっきりなしに投げ出されながら、世界におけるみずからの不在を、人工器官や人間関係や専門知識を大量に蓄積することによって、また結局は期待はずれのテクノロジー一式を装備することによって治癒しようとするのである。西洋的人間はますます**設備過剰の実存主義者**になっていく。あらゆるものを工学的につくり直してばかりいるのは、すべてにおいてみずからを凌駕している現実に耐えられないからである。「人間にとって世界を理解するということは、世界を人間に還元し、世界に人間を刻印することである」。間抜け野郎のカミュはそう率直にみとめている。西洋的人間は、実存や自己や「他者」——いわゆる地獄——と離婚したが、その離婚をありがちに「自由」といいかえることで、さも有意義なことだったかのように思いなそうとしている。そして陰鬱なパーティーやばかげた娯楽に身をゆだねるのであり、さもなければ大量の薬にたよるしかない。西洋的人間にとって生は実質的にも情緒的にも不在である。なぜならかれは生に嫌悪をおぼえているのだから。生は**吐き気**をもよおすのだから。現実のなかにふくまれている、変わりやすくて簡略化しえないもの、手に触れられる身体をそなえ、重さと熱さと疲労感をともなうもののすべてを西洋的人間が手放しえたのは、それらすべてを、冷やかでデジタル化され、軋轢もなければ涙もなく、死もなければ匂いもない、観念的で視覚的なインターネットの平面に投影することによってである。

　西洋に由来するあらゆる終末論が嘘であるのは、世界の喪失をどうすることもできないというわれわれの悲嘆がそこに投影されているからである。世界が喪われたのではない。**われわれが**世界を喪失し、いまなお喪失しつづけているのである。**やがて**終わるのは**世界**ではない。終わっているのは**われわれ**である。切断され、切りきざまれた**われわれ**は、生命にかかわる現実との接触をこばみつづけて錯乱状態におちいっている。危機は、経済や環境や政治をめぐるものではない。**危機はなによりもまず現前の危機である**。iPhoneやハマーに代表される洗練された不在装置がマストアイテムとなるほどに。一方でiPhoneは、世界や他者へのアクセスのすべてを一個の物体のうちに集中させる。それは照明でありカメラであり、水準器にしてミュージシャンの録音装置である。テレビであり羅針盤であり、ツアーガイドにしてコミュニケーションツールである。他方でiPhoneとは、わたしの現存在の一部の恒常的な担保であり、便利で安定的な半現前の体制のうちにわたしを固定する人工器官である。それは現にそこに存在しているものへのひらかれた闊達さをことごとく阻害している。最近では「デジタル世界への二四時間接続によってわれわれは周囲の現実世界から断絶している」という事態に対処するためのスマホアプリさえ登場した。「魂のＧＰＳ」という。気のきいたネーミングではないか。ハマーはというと、わたしの自閉空間、万物にたいするわたしの不浸透性を、危難にみちた「自然」の最深部にまではこびいれ、そこから**無傷で**帰ってこられる可能性そのものである。グーグルが新しい産業の地平として「死との闘い」をかかげているという事実自体、**生の何たるかをめぐって**まかりとおっている深刻な誤解をはっきりとあらわしている。

　錯乱の最終期限をむかえた人間は「地質学的な力」を僭称するにいたった。人間は惑星の生命の一段階に人類の名を付与するほどになった。「アントロポセーン」を語りだしたのである。最後にきて人間はまたしても主役の座を独占する。たとえ、ありとあらゆるもの——海、空、土地、地下のことごとく——を荒廃させてきた罪状を認めざるをえなくなろうとも。たとえ、おびただしい数の動植物種の絶滅という前例のない事態に改悛の情をしめさざるをえなくなろうとも。だが驚くべきことに、世界との悲惨な関係性がもたらした惨状それ自体にたいしても、人間はあいかわらず悲惨なやり方でかかわるのをやめようとしない。人間は、氷原が消滅にむかう速度を**計算する**。人間以外の生命形態すべての絶滅を**予測する**。気候変動を語るにしても、みずからの感性的経験——例年と同じ時期に飛来しなくなったこれこれの鳥、鳴き声がきこえてこなくなったこれこれの虫、これこれの植物と同時に花を咲かせなくなったしかじかの植物——にもとづいては語らない。人間はそれを、数字や平均値に依拠して科学的に語るのである。気温が幾度も上昇しつつあり、降水量が幾ミリメートルも減少しつつあると論じれば、なにかをいったつもりになるのである。人間は「生物多様性」さえも語る。地上の生命の減少を**宇宙空間から**観測する。うぬぼれの極まった人間はいまや、環境がのぞんでいるわけでもないのに、父親きどりで「環境を保護する」つもりになっている。それこそ、人間が難局を切り抜けるための言い逃れとみなさざるをえない。

客観的な惨状はなによりもまず、より明白で大規模なもうひとつの惨状を覆いかくすために役立てられている。おそらく、天然資源の枯渇よりもはるかに深刻なのは、われわれの同時代人をみまっている主観性の資源、生の資源の枯渇だろう。喜々として環境荒廃がつまびらかにされるのは、内面のぎょっとするほどの荒廃を隠蔽するためである。海岸が石油にまみれ、平原が不毛化し、種が絶滅するたびに浮上しているのは、われわれのずたずたの魂のイメージであり、世界におけるわれわれの不在、世界に住まうことのできないわれわれの本質的な無力の反映にほかならない。フクシマは人間と人間支配の完璧な破綻のスペクタクルである。その破綻からはただひたすら瓦礫と廃墟だけが産出されつづける。無傷にみえるあれら日本の平野は、今後数十年をへなければひとが生きられる場所とはならない。終わりのない崩壊作用は世界をまるっきり住めない場所に変えていく。西洋はついに、みずからがもっとも恐れているものにみずからの生の様態を仰ぐことになるだろう——西洋がもっとも恐れているもの、すなわち、放射性廃棄物に。

左の左に革命とは何かとたずねれば、かれらは勢いづいて答える。「人間を中心に据えることだ」と。左の左なる左翼は気づいていないのである、世界がどれだけ「人間」にうんざりしているか、われわれがどれだけ「人類」に嫌気がさしているのかを——おのれを創造物のなかの至宝と思いこみ、すべてが自分のものだからすべてを蹂躙してもよいと考えてきたこの人類なる種に。「人間を中心に据えること」、これが西洋のプロジェクトだった。帰結は知ってのとおりである。時は来た、船を降りて種なるものを見捨ててしまおう。人類の大家族など存在しない。地球の四隅に散らばったそれぞれの世界、それぞれの親密な宇宙、それぞれの生の形態から断絶した人類の大家族などというものは。人類など存在しない、存在するのは大地に住まう人々《テリアン》とその敵だけである。そして敵とは、肌の色いかんにかかわりのない西洋的人間にほかならない。人間主義の形質をとどめるわれわれ革命派は、ここ二〇年にわたって打ちつづいている中南米の先住民の諸蜂起に耳をすませるべきだろう。そこに合言葉があるとすれば「大地を中心に据えよ」となるだろう。これは**人間にたいする**宣戦布告である。人間に宣戦布告すること、それは人間を大地に帰還させるための良き方法となるかもしれない、もしも人間がいつものような知らないふりをやめるのならば。

三

二〇一二年一二月二一日、一八カ国から総勢三〇〇人超のジャーナリストがフランスはオード県の寒村ビュガラッシュに押し寄せた。これまでに知られているどのマヤ暦にもその日が時の終わりだとは記されていなかった。その村が終末の預言に関与しているらしいとのうわさは、その根も葉もない預言とあわせて、悪ふざけからでたデマだということは誰の目にもあきらかだった。にもかかわらず、世界中のテレビ局が当地にリポーターの大群を急派したのである。世界の終わりを信じている人々が**本当に**存在するかどうか確かめたかったのである、世界の終わりを信じるどころか、自分の愛情を信じるのにさえ大変な苦労をおぼえるわれわれは。ところで当日、ビュガラッシュには、スペクタクルの司祭というべきリポーター連中のほかには誰ひとりいなかった。ジャーナリストたちはかれら自身について喋らざるをえない事態となり、かれら自身の根拠のない期待や退屈、そしてなにも起きてはいない事実を語った。みずからの罠にはまったかれらはもののみごとに世界の終わりの光景をさらけだしていた。すなわちジャーナリスト、待望、そしていつまでたってもおとずれない出来事からなる光景を。

この時代にみなぎっているアポカリプスへの熱狂やアルマゲドンへの渇望を過小評価すべきではない。実存の次元におけるポルノグラフィが存在するのである。ドキュメンタリーと銘打たれた、二〇七五年にボルドーの葡萄畑にバッタの大群が襲来する合成映像や、ヨーロッパ大陸南岸に押し寄せるという「環境移民」——欧州対外国境管理協力機関がいまからすでにその殲滅を任務にかかげている——の合成映像に興奮しているのだから。世界の終末ほど古いトピックはない。終末論の熱狂ははるか古代から無力な者たちの人気の的であっただろう。新しいのは、終末論的なものすべてが資本に吸収され、資本に利用されているという点である。カタストロフの地平とは、われわれへの統治が立脚する地平にほかならない。ところが未完の運命にあるものがひとつだけあるとすれば、それこそがアポカリプスの預言である。経済や気候にかんするものであれ、テロリズムや原子力にかんするものであれ。アポカリプスの預言は、当のアポカリプスを祓いのける諸々の方策を召喚するためだけに言明される。そしてたいがいそれは統治の必要性へと帰着する。どんな政治組織や宗教団体であれ、事態が予言と異なっているという理由で敗北を認めたことは一度たりともない。預言のねらいは、未来時にその正しさを証明してみせることではけっしてない。**現在時に作用をおよぼす**こと、いまここで待望と受動性と服従とを押しつけることなのである。

現状そのものがカタストロフなのであり、来たるべきカタストロフなどない。さらにいえば、事実としての惨状の多くが、われわれの日々の惨状からの脱出口をさししめしているのはあきらかである。実存の次元でのアポカリプスは、現実のカタストロフによって鎮静化される。そうした事例は、一九〇六年のサンフランシスコ地震から二〇一二年にニューヨークの一部を壊滅させたハリケーン・サンディまで、枚挙にいとまがない。窮地に立たされた人間は、永遠に変わらない根源的な獣性をたがいにあらわにするはずだと漠然と考えられている。大地震や恐慌やテロリストによる攻撃が発生するたびに、自然状態と暴虐の横行という昔ながらのキマイラが具体化するのをこの目でみたいと**欲する**のである。文明のもろい堤防が決壊するなら、パスカルの脳裏をはなれなかった「人間の下劣な本性」が、凶悪な情念が、粗暴でねたみぶかく、盲目的でおぞましい「人間本性」が、どっと流入すればよいとのぞんでいるのである。かかる「人間本性」はすくなくともトゥキディデス以来、権力の支持者たちが依拠してきたものであり――あいにく、歴史的な災害の大部分によって無効にされてきたファンタスムでしかない。

文明の消滅というのはたいていい、万人の万人にたいする戦争のカオスとなっては現出しない。万人の万人にたいする戦争という悪意にみちた言説はたんに、深刻な破局的状況において、所有物を略奪からまもることを最優先として警察や軍隊――やむをえない場合は即席の**自警団**――を発動する口実にしかならない。その言説はまた、権力みずからの汚職を隠蔽するためにも援用される。ラクイラ地震後のイタリア市民保護局の汚職がまさにそうだった。だが、この世界の解体をありのままに受け入れるならば、「緊急事態」のさなかであっても、これまでとはちがう生き方がひらけてくるだろう。たとえば一九八五年、メキシコ住民は、多数の死者を出した震災後の都市の瓦礫のただなかで、すたれていた革命的カーニヴァルを復活させ、民衆に奉仕するヒーローの形象――スーパーバリオという伝説のプロレスラー――をまたたくまによみがえらせた。ごく日常的な都市生活の局面を陶酔のなかで奪回するやいなや、建物の倒壊を政治体制の倒壊にかさねあわせ、統治にしばられていた都市の生命をできるかぎり解放し、家屋をたてなおしたのである。二〇〇三年にハリケーンに襲われたハリファックスの住人がつぎのように熱く語るさいも同じことがいわれている。「ある朝目をさますと、すべてが一変していた。電気は停まっているし、店はすべて閉まっている。テレビもラジオも電話も使いものにならない。そこで誰もが通りに出て状況を話しあったんだ。路上パーティーとは少しちがうけど、皆がいっせいに屋外に出ていた――おたがいに見ず知らずのひとたちに会うのはある意味でとても幸せだった」。ハリケーン・カトリーナ襲来後のニューオーリンズ市では、公式権力からの軽視や保安当局のパラノイアに直面しつつも、小規模コミュニティが即座に形成された。食糧と医療と衣類をまかなうために多少の略奪行為におよびながら、日常生活の水準で自己組織化をやってのけたのである。

したがって、連綿とつづく惨状に風穴をあけられる革命という理念を再考すること、それはまず手始めに、これまで革命というものにふくまれてきた黙示録的なものすべてを一掃することである。そしてマルクス主義の終末論は、**まさにその点をのぞけば**、アメリカ合衆国創設における帝国的な野望――一ドル紙幣に記された「神ハワレワレノ企テニ与シタマエリ。諸世紀ノ新秩序」――となんら変わらないと理解することである。もはやなにも恐れるべきものはなく、諸矛盾はついに解消され、否定的なものの跡形すらない。そうした不毛な平和と繁栄の時代を確立したいという神経症的な希求を、社会主義者に自由主義者にサン＝シモン主義者、そして冷戦下のロシア人とアメリカ人にいたるまでが口をそろえて表明してやまなかったのである。全面的にオートメーション化され、あらゆる危険性がとりのぞかれた繁栄社会を、科学と産業によって打ち立てること。そのような社会は、精神病院かサナトリウムにみまごう地上の楽園のようなものだろう。小康状態さえのぞむべくもない、重度の病人だけがすがりつくような理想である。ある曲で歌われているように「天国というところはけっしてなにも起こらない場所なのさ」。

マルクス主義の独創性とスキャンダルのすべては、ミレニアムに到達するために、経済のアポカリプスを受け入れなければならないと主張した点にあった。マルクス主義以外の革命派はそんなアポカリプスは不要だと考えていたにもかかわらず。われわれはミレニアムにもアポカリプスにも期待しない。地上に平和などけっして訪れないだろう。平和の理念を手放すことだけが唯一真の平和である。西洋のカタストロフに直面して、左翼はたいてい悲嘆と告発の身がまえをとる。無力の陣形にほかならないその態度は、左翼が擁護しているつもりの者にさえも左翼を嫌悪させてしまう。われわれがおかれた例外状態は告発すべきものではなく、権力自身にそっくりお返しすべきものである。そしてわれわれとしては、われわれ自身の手で力関係を創出し、無処罰の恩恵を力づくで獲得することによって、法にたいする懸念のいっさいから解放されることになるだろう。状況をめぐる鋭敏な知性を見失わないかぎり、あらゆる決断やイニシアチブを実行に移すことのできる絶対的に自由な領野がひらかれている。われわれにとっては、歴史的戦場とそこを遊動する諸勢力しか存在しない。われわれの行動の領野ははてしなく広大である。歴史的生がわれわれに手をさしのべている。応じない口実ならいくらでもあるだろう。だが、それらはすべて神経症から出てくる口実である。最近のゾンビ映画のなかでアポカリプスにみまわれた元国連役員はくもりない結論に達した。「これは終わりどころではない。きみが戦えるなら戦え。きみたちで助け合え。戦争ははじまったばかりだ」。

NOS QUIEREN
OBLIGAR A GOBERNAR
NO VAMOS A CAER EN ESA
PROVOCACIÓN

Oaxaca, 2006

やつらは統治を背負わせようとする、われわれはその挑発にはのらない

一

ひとりの人間が死ぬ。警察によって直接的、間接的に殺害された。ロンドンで、シディ・ブージドで、アテネやクリシー・ス・ボワで、それはひとりの無名者、失業者、あれこれのディーラー、高校生である。それは「若者」だといわれる、たとえ十六歳だろうと三〇歳だろうと。若者だといわれるのは社会的に無だからであり、一人前の大人になる年頃にはまさしくいっそう無だからである。

ひとりの人間が死んで一国が蜂起する。一方は他方の原因ではなく、たんなる起爆剤である。アレクサンドロス・グリヨロプロス、マーク・ダガン、モハメド・ブアジジ、マシニーサ・ゲルマ――死者の名はあれら数週にわたる日々において、全般的な匿名性が冠する固有名、共通の剥奪状態の固有名となった。蜂起はなによりもまず、虫けら同然の人々の行為である。あてどなくカフェや街をうろつき、職もなく、大学やネット上をさまよう人々の行為である。蜂起は、社会のとめどない解体が過剰に生みだす浮動的要素のすべてを、下層民ついでプチブルの流動的要素のすべてを凝集させる。時代に取り残され、将来の見込みのない周縁的存在とみなされていたもののすべてが中心に回帰するのである。シディ・ブージドで、カスリーヌで、ターラで、同じ不幸な境遇の仲間が死んだというしらせを最初に拡散したのはほかならぬ「狂人」や「負け犬」や「能なし」や「ヤク中」と呼ばれる者たちだった。かれらは人々が集まる街のいたるところで、椅子やテーブルの上に立ち、あるいはモニュメントによじのぼった。かれらのひたむきな演説は耳をかたむける人々をふるいたたせた。そしてその聴衆の背後にひかえていた高校生たち、将来の望みを絶たれたかれらが行動を起こしたのである。

蜂起は数日から数カ月におよび、体制を崩壊させ、社会平和なる幻想のすべてを瓦解させる。蜂起そのものが匿名である。リーダーはおろか、組織も要求も綱領もない。スローガンがあったとしても、既存秩序の否定に極まるかのようにぶっきらぼうである。「うせろ！」「人民は体制崩壊をのぞむ！」「われわれの知ったことではない！」「タイイップ、冬が来るぞ！」テレビやラジオでは責任者どもが旧態依然としたレトリックを連呼する。どこからともなく出てきたあの連中は社会の屑《チャプルジュ》、破壊分子《カスール》、テロリストであり、ほとんどが外国の金に操られているにちがいない。蜂起はたんに疑問符を即位させるだけであり、おそらくはそれ以外に新体制の玉座につかせる何者もいない。叛徒たちは社会の底辺でも労働者階級でもなければ、プチブルでもマルチチュードでもない。そもそも代表者を擁立しうるだけのまとまりさえない。そこには蜂起以前から存在していたにもかかわらず、たんに目に留まらなかっただけというような、新しい革命的主体がない。したがって「人民」が街頭にくりだしているといわれるにせよ、それはあらかじめ存在していただろう「人民」ではなく、それまで**欠けていた**人民なのである。人民が蜂起を生みだすのではない。蜂起こそ、すたれていた共なる経験や知性、関係の織物や実生活の言語をめざめさせることによって、蜂起みずからの人民を生みだすのである。過去の諸革命は新しい生を約束していた。新しい生に参入する鍵をとどけてくれるのが現代の蜂起である。カイロのウルトラス〔サッカーチームの熱狂的サポーター集団〕が方向転換をなしとげたのは、かれらが「革命」以前から革命的な集団だったからではない。かれらはたんに、警察との直接対決のためにみずからを組織化することができる徒党にすぎなかった。「革命」のさなかに重要な役割をになうことによって、かれらは通常「革命派」が思考する問いを、状況のただなかにあって問わざるをえなくなったのである。

出来事はそこに存している。うわっつらの称讃によって反乱につきまとい搾取するメディア現象のうちにではなく、反乱のただなかで現に生じた出逢いの数々のうちにこそ。出逢いというものはたしかに「運動」や「革命」ほどスペクタクル的ではないが、決定的なものである。邂逅がいかなるものでありうるか、誰も決められはしないだろう。

かくして蜂起はブラジルやスペインでも、チリやギリシャでも、分子状に、知覚されざるものとなって、街頭、コレクティヴ、スクウォットハウス、「ソーシャルセンター」のいとなみのなかで、諸々の特異な生のなかでつづいていくのである。蜂起が政治綱領を実行するからではなく、革命的なものへの生成を始動させるがゆえに。蜂起のなかで生きられた経験があまりにも輝かしかったために、その経験に忠実でありつづけ、**かつての生に欠けていた**まさにその経験を構築する義務をになうがゆえに。スペインの広場占拠の運動は、メディアのスクリーン＝レーダーからいったん姿を消した後も、バルセロナその他の地区における共有化や自己組織化のプロセスをまるごと継続していたからこそ、二〇一四年六月にスクウォットハウスCAN Viesが取り壊されようとするのを三日間にわたる暴動によって阻止しえたのだし、攻撃をうけた場所の再建に街全体がのりだす光景さえもくりひろげられたのである。共有化や自己組織化のプロセスがとだえていたなら、何度目かの強制退去の執行にたいして周囲の無関心のなかで抗議する、わずか数名のスクウォッターしかいなかっただろう。こうして構築されていくのはコレクティヴな力能なのであって、萌芽状態の「新しい社会」でもなければ、現体制を転覆し新体制を樹立するだろう組織でもない。このコレクティヴな力能こそ、その存立と知性によって、権力による策謀をことごとく頓挫させ、権力を無力化させるものなのである。

革命派とは、革命によってまったくの不意を打たれる者のことである。だが今日の蜂起の数々には、革命派をとりわけ当惑させるなにかがある。蜂起がもはや政治上のイデオロギーからは出発せず、**倫理的真理**から出発するからである。「倫理」と「真理」という二語の結びつきは、近代人にとっては撞着語法のように感じるだろう。真理を確立すること、それが科学の役割なのだから、科学は、倫理の規範のような偶有的な価値体系をまったく必要としないはずだ、と。近代人にとって、自己と「世界」のあいだには深淵がうがたれており、その深淵をまたぎこえるために言語活動が存在している。真理なるものは、深淵の上にかかった堅固な橋だとわれわれは教えられてきた——「世界」を適切に叙述する言表なのだと。われわれは、言語をたよりに世界との複雑な関係のすべてを少しずつ獲得してきた習熟のプロセスを都合よく忘却してしまっている。言語とは、唯一不変の世界を**叙述する**ためのものではなく、ひとつの世界を**構築する**のに役立つものである。それゆえ倫理的真理とは、世界についての真理なのではなく、われわれが世界に住まうための出発点をなすものなのである。言表されようがされまいが、感じられても証明はされない真理や肯定の数々がある。黙ってこぶしをにぎりしめ、身じろぎもせずにさもしいボスをじっと睨みつける。そのまなざしは倫理的真理のひとつであり、「造反有理！」の怒号にひけをとらない。かかる真理は、われわれをわれわれ自身に、われわれを取り巻くものに**むすびつけ**、われわれをコミューン的生へと一挙に参入させる。自我などという偽りの仕切り壁にとりあわない、分離されざる実存へと。スペインのガモナルのとある場所がパーキングに変えられそうになったとき、トルコのゲジ公園がショッピングセンターに改造されそうになったとき、あるいはフランスのノートルダム・デ・ランドの小森に空港が建設されそうになったとき、土地の人々が命がけで阻止しようとするのはなぜか。われわれが愛し、愛着をおぼえている存在や場所や観念というのは、われわれ自身の一部分でもあるからである。われわれは、肌を境界とする物質としての身体に一生涯やどるというあの自我、自分のものと思い込んだあれこれの特性で着飾った自我なる全体などには還元されないからである。世界に被害がおよぶとき、攻撃されているのはわれわれ自身にほかならない。

ある倫理的真理が拒否として言表される場合でさえ、「否!」を発する事実だけで、逆説的にもわれわれはただちに実存のうちに位置づけられる。同じく逆説的にも、ひとりの人間が自殺するだけで社会という嘘の機構がすべてこなごなに崩壊してしまうほど、実存において個人はいささかも個人的ではない自己に気づくのである。シディ・ブージドの役所前で焼身自殺をはかったモハメド・ブアジジのみぶりがその雄弁なあかしである。その大いなる炎の気迫は、そこに秘められた破壊的な肯定によるものである。ブアジジはいう。「われわれにふさわしい人生は生きるに値しない」、「われわれはこうして警察に辱しめられるために生を受けたのではない」、「あなたたちはわれわれを無に帰することはできても、生者のものである主権をわれわれから奪い去ることはできない」。あるいはまた「かろうじて生きている最下層のわれわれ、辱しめられたわれわれは、病者の権力にすがる惨めで卑しいやつらよりも上等である」。これらの言葉が、かれのみぶりのうちにはっきりと聞こえていたのである。エジプトで「秘密警察」による監禁の後にテレビ放映されたワエル・ゴネイムのインタヴューが状況の急変をもたらしたのは、かれが流した涙のなかの真理がひとりひとりの胸中で同様に炸裂していたからである。オキュパイ・ウォールストリートのはじめの数週間は、恒例となった運動の仕切り屋どもはまだいなかった。つまりやつらが集会から投票以外の権限をうばうべく、決定事項を事前にとりきめておく様々な「ワーキング・グループ」を設ける以前のことだが、一五〇〇人の参加者を前にしてのスピーチで手本をしめしたのはひとりの若者だった。こう発言したのである。「やあ、調子はどう？　オレはマイク。ハーレムの一介のギャングスタさ。自分の人生にうんざりしている。ファック・マイ・ボス！　ファック・マイ・ガールフレンド！　ファック・ザ・コップス！　オレはただこういいたかったんだ、ここに皆と一緒にいられてうれしいよ」。この言葉は、警察に禁止されたマイクロフォンのかわりとなる「人間メガフォン」によって七回唱和された。

オキュパイ・ウォールストリートの真の内実は、よりよい賃金、まずまずの住居、より広汎な社会保障といった要求ではなかった。そうした要求は、さながら巨獣に小さな付箋をはるように、事後的に運動に付与されたにすぎない。運動の本当の内実、それは、**われわれが生きさせられている人生への嫌悪**だった。われわれの誰もが**ひとりきり**である人生、ひとりきりで**自分の**生活費をかせぎ、**自分の**住居と食料を確保し、**自分の**能力を発揮したり**自分の**健康をいたわったりする人生への嫌悪である。メトロポリス的個人の惨めな生の形態にたいする嫌悪である——あらゆるものへの不信／洗練されたスマートな懐疑主義／うわべだけの刹那的な愛情／したがって狂ったようにあらゆる出会いをセクシャル化し／快適で絶望的な分離状態へと周期的に回帰する／たえまない気晴らし、それゆえの自己についての無知、それゆえの自己への恐怖、それゆえの他者への恐怖。ズコッティ公園というマンハッタンでもっとも陰気なスクエアで、冷たい雨がふりしきるなか、警察官に囲繞された状況でのテント生活。そこにあらわれはじめていたコミューン的生はたしかに、全面展開された新生《ヴィタ・ノーヴァ》ではなかった。それは、メトロポリス的生存の悲しみが誰の目にもあきらかになる端緒にほかならなかった。自分自身のアントレプレナーの地位へと引き下げられているというわれわれに共通の状況を、ついに**皆で**把握したのである。かかる実存上の衝撃こそまさに、オキュパイ・ウォールストリートが新鮮な闊達さをたもっていたあいだ、その力強く鼓動する心臓だった。

　現代の蜂起に賭けられているのは、望ましい生の形態とはどのようなものかを知ることであって、生にのしかかっている諸制度の本性を知ることではない。ところで、かかる賭け金をみとめればこそ、西洋的倫理がいかに無価値であるか、即座に判明するというものである。あれこれの蜂起につづくあれこれのイスラム主義政党の台頭をめぐって、人々の精神の後進性を指摘するなどといったでたらめもなくなるだろう。イスラム主義者たちの力はむしろ、かれらの政治上のイデオロギーがもっぱら倫理をめぐる詳細な指示の体系として提示される点にこそあると認めざるをえなくなるだろう。別言しよう。イスラム主義者たちがその他の政治家よりも成功をおさめているのはなぜか。なぜならほかでもなく、イスラム主義者たちが政治の分野を主軸としてはいないからである。かかる諸点がはっきりしていれば、まじめな若者が第三次産業部門の自殺的サラリーマンの群れよりも「ジハーディスト」の陣営に加わるからといって、そのたびに泣きごとをいったり、警鐘を鳴らしたりするのをやめることができるだろう。そしてわれわれ大人は、この心躍らない鏡に映った自分自身の顔を正視できるようになるだろう。

二〇一二年、スロヴェニアの平穏な街マリボールからはじまった街頭反乱は国の大部分に燃え広がった。見た目はスイスのように穏やかなあのスロヴェニアで蜂起が起こるということ自体、すでに想定外であるが、いっそう驚くべきはその蜂起が、街中に設置された速度違反取締装置による罰金のほぼ全額を、権力と癒着した業者が着服していたという事実の発覚からはじまったことである。速度違反取締装置が蜂起の出発点となる、これほど非「政治的」なことがあるだろうか？　だが、自分たちが黙って毛を刈りとられる羊ではないという拒否、これほど倫理的なことがあるだろうか？　さながら二一世紀によみがえったミヒャエル・コールハースである〔『ミヒャエル・コールハース』は、十六世紀に実在したザクセンの叛徒ハンス・コールハースの古記録をもとに執筆されたクライストの中編小説である（一八一〇年）。馬の理不尽な抑留にはじまる領主の不正にたいして民衆蜂起をまきおこした馬商人の闘争をえがく〕。現代蜂起のほぼすべてにおいて汚職や収賄といった主題が支配的であるが、これは、蜂起が政治的である以前に倫理的であるということの証拠であり、いいかえれば、蜂起がラディカルの政治をもふくめた政治のすべてをかえりみないという点においてまさに、政治的であるということの証拠である。左翼であることが、倫理的真理の存在を否認し、その否認がもたらす脆弱さを、非力かつ日和見主義的な道徳によってとりつくろうことを意味するかぎり、ファシストたちは今後も自分たちだけが唯一の肯定的な政治勢力であるかのようにふるまうだろうし、なんの弁明もなく思いのままに生きられる唯一の存在と目されつづけるだろう。やつらは成功をかさね、萌芽状態の諸反乱のエネルギーを自己解体へとみちびきつづけるだろう。

おそらくここでわれわれは、「緊縮財政反対運動」がことごとく不首尾に終わっている決定的な理由にもふれている。野火が全域に広がっていてもおかしくはない現状下のヨーロッパで、すぐに息切れのする散発的な運動しかみられないのはなぜか。緊縮財政をめぐる問いがそれにふさわしい観点から立てられていないからである。いかなる観点か。生きるとは、**よく**生きるとはどういうことかをめぐる倫理上のむきだしの不和という観点にほかならない。要点だけを述べておこう。緊縮財政的、つまり質素な倹約家であることは、プロテスタント文化の国々においてはどちらかといえば美徳である。ところが南ヨーロッパの大部分において、それは要するに気の毒なひとのことである。緊縮財政をのぞまない人々にたいして、別の人々がそれを押しつけているという現状把握は正しくない。無条件に質素をよしとする人々にたいして、あえて口に出してはいわないものの、同じく無条件に質素がみじめだと考えるその他の人々がいる、ととらえるべきなのである。緊縮財政だけをとりあげるなら、誤解を助長するばかりか、みずからに不相応な生の観念を暗黙理に受け入れてしまって、敗北を請けあうようなものである。

「人々」が負け戦に奮起するはずがないだろう。むしろ闘争の真の争点を引き受けよう。すなわち、幸福をめぐるある種のプロテスタント的理念――勤勉で質素な倹約家、清廉潔白で活動的であること、つつしみぶかく節度をたもっていられること――がヨーロッパ全体に押しつけられようとしているのである。緊縮財政に対置すべきなのは**生をめぐる別の観念**にほかならない。それはたとえば、蓄えるよりも分かちあい、黙っているよりも親しく会話し、受忍するよりも闘う生き方だろう。自分たちの勝利にたいして謙虚であるよりはそれを祝福し、他人にたいして慎重な態度をたもつよりも関与する生き方だろう。アメリカ亜大陸の先住民運動は、良き生《ブエン・ヴィヴィル》を**政治的**肯定として引き受けることで、はかりしれない力を獲得した。一方でそれは、闘争が何を支持し、何に反対しているかをはっきりと浮かび上がらせるのであり、他方でそれは、「良き生」の名のもとに幾通りにも異なる流儀がありえることのおだやかな理解へとみちびくのである。別様であるために、すくなくとも敵対しなくともよい流儀がありえるということの理解へと。

二

西洋のレトリックは手垢にまみれている。昨日まであらゆる国々の使節から顕彰されていた暴君を大衆蜂起が打倒するたびに西洋はいうだろう、それは人民が「デモクラシーを希求している」からだと。策略は古代アテナイの昔から存在している。しかもそのレトリックは効果てきめんであるために、オキュパイ・ウォールストリートの集会でさえ二〇一一年十一月、エジプトでの選挙を監視する約二十人の国際監視団に二万九千ドルの予算を割くべきだと考えたほどである。そうすることでタハリール広場の同志たちを助けるつもりになっていた集会にたいして、同志たちからの返答はこうだった。「われわれはエジプトで、たんに議会を獲得するためだけに街頭で革命をおこしたのではない。われわれの闘争――きみたちと共闘しているはずの――は、円滑な議会制民主主義の獲得などよりもはるかにスケールの大きなものである」。

独裁者に**抗して闘う**からといって民主主義を**もとめている**ことにはならない――ほかの独裁者やカリフをもとめて闘うこともあるだろうし、ただ闘争の悦びのために闘うこともあるだろう。だが闘争するのはなによりも、マジョリティの算術的原理をいっさい必要としないものがそこにあるからであり、それこそが蜂起だからである。じっさい、蜂起の勝敗はひとえにその質にかかっている――不屈の勇気と自信をたもてるかどうか、戦術のセンスと集合的エネルギーを発揮できるかどうかに。かれこれ二世紀にわたって、軍隊についで選挙が蜂起を鎮圧するための極めつきの常套手段となっているのは、叛徒たちがけっしてマジョリティにはならないからである。ごくあたりまえのように民主主義という観念に結びつけられる平和主義にかんしては、またしてもカイロの同志たちに発言をゆずるべきだろう。「エジプト革命が平和だったという者は、われわれが警察からこうむった恐怖を知らないし、革命派が自分たちの占拠とその空間をまもるべく、警察にたいしてこころみた抵抗や力づくの行為も知らないのである。政府の発表でさえ、九九の警察署が焼き払われ、数千台の警察車両が破壊され、政府与党の事務所すべてが燃やされたと白状している」。蜂起は形式主義のなにひとつとして、民主主義の作法のなにひとつとして尊重しない。蜂起はあらゆる大規模デモと同じく、公共空間の独自の使用法を創出する。蜂起は決然たるストライキがすべてそうであるように、既成事実による政治である。蜂起はみぶりとイニシアチヴと実践に即した共謀の君臨である。決断が優位になるのは路上においてであり、「民衆的《ポピュレール》」という語が「猛威をふるって潰滅させる」という意味のラテン語 populor に由来するという事実をまざまざとみせつける。蜂起は表現の充実であり――それは歌や壁面のうちに、発言や戦闘のなかにある――熟議の無である。蜂起の奇蹟はおそらくここにある。すなわち、蜂起が問題としての民主主義を解決すると同時に、蜂起それ自体が即座に民主主義のかなたを開示する、というところに。

　むろん、アントニオ・ネグリやマイケル・ハートのように、最近の蜂起の数々から「民主主義社会の構成が今日の課題である」などと結論するイデオローグには事欠かない。やつらはいう。「自己統治のために必要なノウハウや才覚や知識」をわれわれに伝授することで、われわれに「民主主義をかなえさせてやる」のだ、と。スペインのネグリ派のひとりがいささか野暮ったくやつらの言い分をまとめてくれている。「タハリール広場からプエルタ・デル・ソルまで、シンタグマ広場からカタルーニャ広場まで、広場から広場へとある叫びがとどろいている。『民主主義』という叫びであり、これこそ今日の世界をかけめぐる妖怪の名前にほかならない」。なるほど、民主主義というレトリックが天からの声にすぎなければ、あるいはまた、統治者やその後釜におさまろうとするやつらによって蜂起のたびに外から押しつけられる声にすぎなければ、なにも問題はなかっただろう。司祭の説教を拝聴するように、しかつめらしく笑いをこらえて聞くだけだっただろう。だが、民主主義というレトリックが人々の精神や情動や闘争にてきめんの影響力をおよぼしていることは否めない。なにかにつけ話題になった「義憤した者たち《デ・ザンディニェ》」の運動がそのことを物語っている。われわれはここで「義憤した者たち」とあえて括弧にくくっている。なぜならプエルタ・デル・ソルの占拠の第一週目において参照されていたのはタハリール広場であって、社会主義者ステファヌ・エセルの人畜無害なパンフレットなどではなかったからである。そのパンフレットが「良識ある人々」による市民蜂起を礼讃するのは、ひとえに本物の蜂起の脅威を払いのけるためにすぎない。占拠はその愚痴のような表題を受け入れたことで、みずからの反響の大部分と同時にみずからの致命的な限界をもつくりだすことになったが、それは、社会主義系の――またしても――日刊紙『エル・パイス』によって占拠第二週目から仕組まれた、運動の再コード化の結果にすぎない。もっともこのことはギリシャにもあてはまるが、シンタグマ広場を占拠していた人々は総じて「義憤した者たち(Aganaktismenoi)」というメディアによるレッテルをはねのけ、自分たちの運動を「広場の運動」と呼んだ。「広場の運動」という呼称はその事実上の中立性において、マルクス主義者がチベット仏教徒と肩をならべ、急進左派連合シリザの支持者がブルジョワ愛国者と列席するというあの奇怪な集会の複雑な、あるいはむしろ乱雑なというべきさまを、結果的にみればよくふまえられていた。スペクタクルによる操作は周知のとおりである。**ありのままの運動とは別の何かのために**運動を称讃することで、運動をシンボリックな次元で検閲しておき、頃合いをみはからってそれを首尾よく葬り去る。運動の内実を義憤と決めつけて、運動を嘘と無力のほうにみちびいていったのである。「義憤にかられた人間ほどひどい嘘つきはいない」とすでにニーチェが指摘している。義憤にかられた人間は、おのれが憤りをおぼえていることがらの部外者の立場をでっちあげる。おのれを色めき立たせていることがらにとって、自分がまったくちっぽけな存在であるかのようなふりをする。義憤にかられた人間が無力を前提とするのは、事態のなりゆきにいっさい責任を負わなくてもよくなるからである。ついで、かれはその無力を**道徳的な**情動に、道徳的な**優越**の情動へと転換する。かわいそうに、かれは**権利を有すると信じている**のである。怒った群集が革命をおこしたことはあったが、義憤にかられた群集はといえば、弱々しく抗議する以外の光景にお目にかかったことがない。ブルジョワジーは不快をおぼえて復讐するが、プチブルはひとしきり義憤にかられたのちに犬小屋にひっこむのである。

「広場の運動」に結びつけられたスローガンは「デモクラシア・レアル・ジャ！〔リアル・デモクラシー・ナウ！〕」だった。なぜならプエルタ・デル・ソルの占拠は、二〇一一年五月一五日――スペインで「15M」と略称されることになる――に「デモクラシア・レアル・ジャ！」を名乗るプラットフォームが呼びかけたデモの終了後、約一五人の「ハクティヴィスト」が提唱したものだったからである。問われていたのはあくまで**リアルな**民主主義であって、労働者評議会のような直接民主主義でもなければ、古代そのままの民主主義でもない。アテネの「広場の運動」が、**形式的な**民主主義の場である国会から目と鼻の先に拠点をおいたのもなんら不思議ではない。その時までわれわれは無邪気にも、リアルな民主主義とはわれわれがずっと前から知っている現行の民主主義のことだとばかり思っていた。破棄されるための選挙公約、「パーラメント」と呼ばれる記録室、さまざまなロビーを利して世間をけむにまく実利的な裏工作からなるあの民主主義のことだと。そうではなかった。かかる民主主義の現実は15Mの「ハクティヴィスト」にとってはむしろ「リアル・デモクラシー」にたいする裏切りとうつる。運動を立ち上げたのがサイバー闘士だったのも偶然ではない。「リアル・デモクラシー」というスローガンが意味するのはこうである。つまり、テクノロジーの見地からいって、五年に一度の選挙だとか、パソコンの使い方さえ知らない小太りの議員だとか、浅ましさや厚かましさが横行する出来そこないの芝居のような議会だとか――あれらはすべて時代遅れである。インターネットや生体認証身分証明、スマートフォンやソーシャル・ネットワークといったコミュニケーションの新テクノロジーによって時代は一新された。リアルな民主主義が創始可能である、すなわち、リアルタイムでの常時世論調査が。決定以前のあらゆる事案をリアルタイムでの常時世論調査の判断にゆだねることが。ところで、かかる世論調査をある作家はすでに一九二〇年代に予見していた。「あるたくみな発明によって、誰もが家にいながらいつ何時でも政治上の問題について意見を表明できるようになる日が来るかもしれない。それを可能にする装置によって、各人の意見はもれなく集計局に保存されるため、あとはその結果を読むだけでよい」。作家はそこに「国家と公務員の完全な民営化のあらわれ」をみとめている。かかる常時調査こそ、「義憤した者たち」がわざわざ広場に集まっていながら、あいつぐ発言のたびに黙って手を上げ下げすることによって回答させられていたものにほかならない。群集は、喝采や野次といった昔ながらの権限さえうばわれたのである。

「広場の運動」は一方では、世界市民というサイバネティクス的ファンタスムの現実への投影、あるいはむしろ現実との衝突だった。だが他方では、出逢いと行動と祝祭にわきたち、コミューン的生が再掌握された異例のモメントだったのである。このことは、自分たちだけのイデオロギー上のきまぐれを「集会の見解」として押し通そうとしたり、いかなる行動やみぶりや宣言も「集会によって承認」されないかぎりは認めないと主張してすべてを統制しようとする万年小官僚たちにわかるはずもない。それ以外の者すべてにとっては、運動は全体集会《アサンブレ・ジェネラル》という神話を、すなわち、全体集会という中心性の神話を決定的に清算するものだった。バルセロナのカタルーニャ広場には二〇一一年五月一六日の夕方には一〇〇人いた。翌日には一〇〇〇人、翌々日には一〇〇〇〇人、第一週と第二週の週末には三〇〇〇〇人にまでふくれあがった。そこで誰もが確認しえたのは、人数がそれだけ多くなってしまえば、直接民主主義と間接民主主義のあいだにもはやいかなる違いもない、ということである。集会とは、まさにテレビをみているように、反論できずにばかげた発言を聞かされる場所である。誠実さや悲嘆や熱狂をよそおうだけにいっそう嘘にまみれた、疲弊させるだけの演劇空間である。極度に官僚制化された委員会は、ずばぬけた持久力の持ち主さえも打ちのめす。いわゆる「コンテンツ」委員会にあっては、「われわれの信条」をまとめたというたかが二枚の無残な文書をひねりだすのに二週間もかかる。かかる滑稽な状況を前にしてアナキストたちは、集会は決定機関ではなくたんなるディスカッションと情報交換の場とすべきではないかといってそれを票決にゆだねたほどである。もはや投票しないことを投票で決めるというのだから滑稽だった。その投票が三〇人ほどのトロツキストに妨害されるにいたってはもはや笑止の沙汰だった。その種の小政治家たちは権力欲と同じだけの退屈さを発散していたため、誰もがこのうんざりする集会から離反していったのである。予想どおり、オークランドやチャペルヒルのオキュパイ参加者の多くもまた同様の経験をして同様の結論にいたった。すなわち、あれこれのグループが出来ることや欲することにたいして、それを承認するかどうかを決める資格など集会にはないのであり、集会とはたんなる意見交換の場であって決定の場ではない、と考えるにいたったのである。集会で述べられたあるアイディアが**実行される**とき、それは、いわゆる過半数の原理にしたがってのことではなく、そのアイディアを実行するのに充分な数の人々がそれをよいと思ったからにすぎない。決定とは、実行されるかされないかのいずれかであって、作成されるものではない。たとえば二〇一一年六月のある日、シンタグマ広場では、地下鉄構内での行動の発議をうけて「全体集会」で投票がおこなわれ、何千もの**個人**によってその行動が決定された。予定当日、約束の場所に出向いてじっさいに行動したのは二〇人にも満たなかった。こうして「決定作成」の問題は、頭のおかしくなった世界中の民主主義者たちの強迫観念でしかなく、にせの問題にすぎないと判明するのである。

「広場の運動」とともに全体集会への**フェティシズム**から解放されたとはいえ、集会という**実践**はなんらそこなわれてはいない。ただしふまえておくべきは、集会からは、そこにすでにあるもの以外は何も出てこないということである。参加しているという事実のほかになにも共有しない、たがいに見ず知らずの数千人が一堂に会するならば、たがいの分離状態が可能とする以上のものが出てくると期待すべきではない。たとえば集会それ自体が、非合法の行動に打ってでるリスクを共におかせるほどの相互の信頼を生みだしてくれるなどと想像してはならない。マンション共同所有者の総会《アサンブレ・ジェネラル》のような醜悪なものさえ存在しているという事実からして、全体集会《アンサンブレ・ジェネラル》への熱情には警戒すべきだろう。集会が現実化するのは、そこに現に実在する共有の水準のみである。学生集会は住民集会ではないが、同じ住民集会でも地区の「再編」に抗して闘っている地区集会は別物である。労働者集会はストライキの開始と終了の時点とでは異なる。そしてその労働者集会はオアハカの人民集会とはまずほとんど関係がない。どんな集会であっても努力すれば産出しうる唯一のもの、それは共通の言語である。とはいえ、分離だけが共有された唯一の経験である場所では、分離された生によるおぼろげな言語しか聞こえてはこないだろう。義憤とはしたがって、おのれの感情と思考を混同し、世界とそのスクリーンを混同するアトム化した個人が現に到達できる最大限の政治的強度なのである。そうしたアトムたちが惑星集会を開いたところで、なるほど感動的な一体感はあるかもしれないが、政治的なものをめぐる誤解の帰結としての麻痺状態を、とりわけ、世界の流れをまったく変えられない無能をさらけだすばかりだろう。無数の人々がガラスの壁に顔を押しあて、かれらぬきで機械的に作動しつづける世界を呆然とながめている光景が目に浮かぶ。あつまって**頭数に入れられる**よろこびにつづいた集団的な無力感は、警棒と催涙ガスによる攻撃と同じだけの威力で、ケチュアのテント主たちを四散させてしまったのである。

だが、かかる無力感をこえた何かがあれらの占拠にはたしかにあった。ほかでもない、集会の演劇的モメントのうちに所を得なかったものすべてである。**住まうこと**への生者たちの驚異的な力量に属するものすべて、メトロポリスのど真ん中という居住不可能な場所にさえも住もうとする力量に属するものすべてである。古代ギリシャ以来の政治によって事実上おとしめられてきた領域――「エコノミー」すなわち家政、「サバイバル」、「再生産」、「日々のルーティーンワーク」そして「労働」――に追いやられてきたものすべてが、占拠された広場において、むしろコレクティヴな政治的力の重要な側面として明確に打ち出され、私的なものへの従属から脱したのである。場所によっては、日常生活の水準における自己組織化によって食事のたびに三千人分をまかない、ほんの数日で村をつくり、負傷した暴徒らの手当をするほどの力量をみせたが、おそらくはかかる力量こそ「広場の運動」が達成した真の政治的勝利をしるしづけるものだろう。後続するタクシムやマイダンの占拠がそうした力量につけ加えたのは、バリケードを築く技法であり、工場生産に匹敵するほどのカクテル・モロトフの大量製造の技法である。

陳腐でなんの意外性もない集会のような組織形態がかくも熱烈に崇拝されてきたという事態はしかしながら、民主主義にまつわる**情動**の性質については雄弁に物語っている。蜂起が第一に怒りに、ついで悦びにかかわっているとすれば、直接民主主義はその形式主義の点で第一に不安におののく者たちにかかわっている。予測可能な手続きによって決定されたこと以外はなにも起こってほしくない。どんな出来事もわれわれを出し抜くことがあってはならないし、状況がわれわれの対処しうる範囲をこえてはならない。騙されたと感じる人があってはならないし、マジョリティとあからさまに衝突してもならない。力にものをいわせるなど論外であり、誰にも何も押しつけてはならない。集会のさまざまな仕組み――順序交代式の発言から無言の拍手まで――はそのためであり、それらは、みずからの思考のために闘争する必要性を失活させつつ、モノローグの連鎖のほかにはなんら波風のたたない徹底的に鈍麻された空間を組織しているのである。民主主義者たちがこれほどまでに状況を構造化しているのは、状況を信頼していないからである。なにゆえの不信かといえば、民主主義者たちは**みずからを信頼していない**からである。是が非でも状況を制御したい、そのためには状況を破壊しても仕方がないと民主主義者たちに思わせているものは、状況に身をゆだねることへの恐怖にほかならない。かかる不安に形式と構造を付与する手続きの総体、これこそが民主主義である。民主主義を非難する必要はない。不安を攻撃してみてもはじまらないだろう。

　注意をあらゆる側面にゆきわたらせることによってのみ――何がどのように語られ、とりわけ何がそこで伏せられているのか、表情や沈黙のうちに何が読みとれるか――われわれは民主主義的作法への執着から自由になれる。注意を相互に充満させること、共なる世界にたいする注意を最高度に研ぎ澄ませることによって、民主主義がアトム化した個人たちのあいだで維持している真空を消滅させてしまわなければならない。論証からなる機械仕掛けの体制にかえて、現存するものにひらかれた感性的な真理の体制を打ち立てること、それが賭け金である。十二世紀、トリスタンとイゾルデは夜ごとに逢瀬をかさねて語りあった。それが「パーラメント」である。なりゆきで群がった街頭の人々が議論をはじめる。それが「アセンブリー」である。全体集会の「主権」に、議会のおしゃべりに対置すべきなのは、発言、それも**真実の**発言にむすびついた情動的負荷の再発見である。民主主義の反意語は独裁ではなく真理である。蜂起がけっして民主主義的にならないのは、蜂起がまさしく**真理の**モメントであり、そこで権力がみすぼらしい本来の姿をさらけだすからである。

三

「世界でもっとも偉大な民主主義国家」がさしたる動揺もなく、自国のエージェントのひとりを世界的包囲網にかける。エージェントのひとりというのは、全通信手段を対象とした合衆国による傍受計画を曝露するという謀反気をおこしたエドワード・スノーデンである。じっさい、われらのご立派な西洋民主主義国家の大半は、恥も外聞もない警察体制になりはてている。そして現代の警察体制はといえば、大半が「民主主義」の称号をこれみよがしにかかげているのである。パパンドレウのような首相がトロイカによる対ギリシャ政策をめぐって、有権者に判断をあおぐという突拍子もない気まぐれをおこして突然首になっても、誰もさほど気分をわるくしない。そもそもヨーロッパでは、手におえない結果が予測される選挙は中止にするのがならわしになっており、欧州委員会の見込みどおりの投票結果が出なければ、市民は再投票させられないことになっている。二〇年前にふんぞりかえっていた「自由世界」の民主主義者たちは、いまや髪をかきむしって苦悶している。周知のことかもしれないが、監視プログラムPRISMへの協力というスキャンダルが発覚したグーグルは、社員への事情説明にさいしてヘンリー・キッシンジャーを招き、その協力がかれらの「セキュリティ」のために受け入れるべき代償だと説いたのである。一九七〇年代の南米でファシズム式のあらゆるクーデタを手掛けた人物が、シリコンバレーのグーグル本社で、抜群にクールで「純真」で「非政治的」なその社員を相手に民主主義を論じようとは、まったくもって笑止千万ではないか。

『社会契約論』におけるルソーのことばを想いかえそう。「もしも神々からなる人民が存在するなら、その人民は民主的にみずからを統治するだろう。これほど完全な統治は人間にはふさわしくない」。あるいはアントワーヌ・ド・リヴァロルのもっとあからさまなことばを。「この世にはけっして分離してはならないふたつの真理がある。第一の真理は、主権は人民に存するということ、第二の真理は、人民はその主権をぜったいに行使してはならないということである」。

たとえば「PR（パブリック・リレーションズ）」の創始者エドワード・バーネイズは著書『プロパガ

ンダ』の第一章「カオスを組織する」でこう述べている。「大衆の世論や習慣を組織化し、意識的かつ知的に操作することは、われわれの民主主義社会において重要な役割をはたしている。知覚されざるその社会的メカニズムをあやつる者たちは、国家を実質上統治する不可視の政府をなしている」。一九二八年のことばである。民主主義という語が結局は何を意味するかというと、統治する側と統治される側の同一性である——その同一性がいかなる手段によって確保されるかは問題ではない。だからわれわれの国々には偽善とヒステリーが疫病のように蔓延しているのだろう。民主主義体制下では、統治者は**そのようなそぶりをみせずに**統治をおこなう。主人は奴隷の属性をひけらかし、奴隷はおのれを主人だと思っている。大衆の幸福の名にかけて権力を行使する主人は偽善に偽善をぬりかさねるほかはなく、「購買力」や「権利」や「意見」を有していると信じながら、一年契約が終了するたびにそれらを踏みにじられる奴隷はヒステリーになる。そして偽善とは**すぐれて**ブルジョワ的な美徳であるがゆえに、民主主義にはきまってなにかしら救いようもなくブルジョワ的なものがこびりついている。この点にかんして民衆的感情は欺かれたままにはならない。

オバマ流の民主主義者であれ、労働者評議会の熱烈な信奉者であれ、「人民の人民による統治」をどのように想い描こうとも、民主主義が**おおっている**問いはつねに統治の問いである。「統治は必要である」——これこそ民主主義の公準であり、かつ、民主主義によっては思考しえないものにほかならない。

統治とは、権力行使のきわめて特殊な一形態である。それは身体に規律を課すことでもなければ、アンシャン・レジーム下のように領土内で法を遵守させ、違反者を拷問や死刑に処することでもない。王は君臨し、将軍は指揮し、判事は裁く。だが統治はちがう。統治とは、人口のふるまいを誘導することである。羊飼いが羊の群れをみちびくように、人口という多数多様性を監視し、そのポテンシャルを最大限ひきだしながら自由を方向づけてやることである。つまり、人口の欲望や恐れ、行動や思考の様式、そして環境を考慮に入れつつ、それらを改変することである。言説や警察や金銭にかかわる戦術を総動員して、人口の情動の謎めいた変動にありったけの注意をはらうことである。情動や政治の情勢にたいしてつねに機敏に対応し、暴動や扇動を未然にふせぐよう行動することである。環境にはたらきかけ、その変数を間断なく修正し、一方の人々にはたらきかけて他方の人々のふるまいに影響をおよぼし、羊の群れをいつも管理下においておくことである。要するに、戦争の名ではけっして呼ばれない戦争を、まるで戦争にはみえない戦争を、人間が生をいとなむほぼすべての平面で仕掛けることである。巧妙で、心理的かつ間接的な、影響の戦争を。

十七世紀以来、西洋で執拗に展開されてきたのは国家権力ではなく、権力の特殊形態としての**統治**である。かつて国民国家の創出をつうじて発動された統治は、いまや国民国家の荒廃をつうじて発動されている。今日、国民国家という錆びついて損耗のはなはだしい上部構造の瓦解をそのまま放置しておいてなんの危惧もいらないのは、国民国家があの名高い「ガバナンス」に座を明け渡さざるをえなくなったからである。しなやかな可塑性をそなえたインフォーマルで道教的な「ガバナンス」は、マネジメントの対象とされるすべてのもの、自己、諸関係、都市、企業といったあらゆる領域に課されている。われわれ革命派としては、ひとつまたひとつと交戦のたびに敗退をかさねているという印象を禁じえない。なぜなら、われわれがいまだ接近経路すら知らない平面で戦闘が仕掛けられるからであり、われわれがあらかじめ敗北することが明らかなポジションの周囲に力を結集するからであり、われわれが防戦態勢をとれていない場所を攻撃されるからである。かかる劣勢は、権力が統治として進攻してきているのに、われわれがいまだに権力を国家や法や規律や主権といった形象で想い描いているという事情によるところが大きい。われわれは固形状の権力をみいだそうとするが、権力は気化しているとまではいかずとも、液状化してすでに久しいのである。やむをえずわれわれはいまだ明確な形態をそなえているものすべて――習慣、忠義、定着、習熟、論理――に不信を抱くようになるが、そのとき権力はむしろ、ありとあらゆる形態のたえざる溶解として発動しているのである。

選挙には民主主義的といえるものはなにもない。王というのはながらく投票で選ばれるのがならわしだったし、あれこれの国民投票《プレビシット》によるささやかな愉しみをしらない専制君主のほうがまれだった。選挙が民主主義的であるのは、人々に統治への参加を保証するからではなく、ささやかながら選出にたずさわったという幻想をもたせて、統治へのある種の**同意**をとりつけるからである。「民主主義とは、ありとあらゆる国家形態にとっての真理である」と書きしるしたマルクスはまちがっていた。民主主義とは**ありとあらゆる統治形態にとっての**真理なのである。統治する者と統治される者の同一性とは、羊の群れが羊飼いの集団となり、羊飼いが羊の群れへと溶解する極限点のことであり、自由が服従と一致し、人口が主権と一致する極限点のことである。統治者は被統治者に吸収され、被統治者は統治者に吸収される。これこそ、もはやいかなる形態も境界もない**純粋状態の**統治にほかならない。近ごろ**液状**民主主義の理論が語られているのも理由のないことではない。どんな固定的形態も純粋な統治の行使にとっては邪魔だからである。全般的な液状化のうねりのうちに固定点はなく、漸近線上の一過的な安定があるだけである。液状化すればするほど統治されやすいものになり、するとますます民主的になる。なるほどメトロポリスの独身者は結婚したカップルよりも民主的だが、そのカップルといえども氏族よりは民主的だろう。だが、その氏族もマフィアが牛耳る地区にくらべれば民主的なのである。

法という形式を民主主義の決定的な成果だと信じてきた者にとってはあいにくだが、それは乗り越えられつつある一過性のものにすぎない。法という形式はいまや、民主主義による「敵性戦闘員《エヌミ・コンバタン》」の除去にとっても、経済のたえざる再編成にとっても、明らかな障害物となっているのである。一九七〇年代のイタリアからオバマの汚れた戦争《ダーティ・ウォー》まで、反テロリズムはわれらが民主主義の高邁な諸原理を毀損するものではないし、その余白に浮かびあがった例外でもない。反テロリズムとはむしろ、現代民主主義諸国のたえざる**構成的行為**《アクト・コンスティチュアン》にほかならない。アメリカ合衆国は六十八万人にのぼる世界中の「テロリスト」のリストを作成しており、総勢二万五千人からなる統合特殊作戦コマンドＪＳＯＣを擁している。この部隊の任務は、標的が誰であれ、いついかなる時でも、惑星上のどこに身をひそめていようとも、ほぼ確実に暗殺を遂行することにある。また、合衆国が保有する一群のドローンは、標的をさほど絞り込まずに爆撃をおこなっているが、これは、超法規的な死刑執行が、グアンタナモ式の超法規的措置にとってかわったことをつげている。かかる事実に憤慨する人々は、**民主的に統治するということ**の意味がたんにわかっていない。かれらは、法の言語を語っていた近代国家の段階にとどまっているのである。

ブラジルでは、ワールドカップ反対のデモを組織しようとした若者たちが反テロリズムの名目で逮捕される。イタリアでは、ＴＡＶ建設現場にたいする攻撃——No TAV が運動全体としてその声明を出した——がコンプレッサーを燃やして国の「イメージ」をいちじるしく傷つけた「テロ行為」だとして四人の仲間が投獄される。かかる事例はあらゆる場所で進行しており、枚挙にはおよばない。すなわち、政府の策略に抵抗する者はすべて「テロリスト」とみなされようとしているのである。リベラルな人間ならば、政府がみずからの民主主義の正統性に疵をつけようとしているのを危惧するだろう。だが事実は全然そういうことではない。政府は民主主義の正統性を毀損することで、それを改鋳しているのである。もっとも、作戦がうまくいき、世論の風潮を正しく読んで人々の感受性に地ならしをしておけたならの話だが。というのもベン・アリやムバラクのように、路上にくりだした群集をテロリスト集団として告発しつつも、それが通用しなかったとき、改鋳の作戦はやつら自身にはねかえってくるのだから。その失態によって正統性は足下から消え去り、やつらは衆目の面前で、手足をばたつかせながら虚空を落下していくだろう。作戦のありのままが露呈するのは、作戦が失敗したときのみである。

四

アルゼンチンから放たれた「みんな出ていけ!」というスローガンは、世界中の指導者どもを心胆寒からしめた。ここ数年間で、現行権力を**脱構成する**《デスティチュエ》という欲望がどれほど多くの言語で叫ばれたかわからない。ひときわ驚いたのは、その欲望が本当に実現したケースがいくつもあったことである。だが、そうした「革命」につづく体制がどれほど脆弱であっても、スローガン後半部の「ひとりも残るな!」は空文化したままになっている。権力の空席に、別の操り人形が居座ってしまったからである。その最たる例がエジプトだろう。タハリールはムバラクの首をとり、タマッルド運動はムルシーの首をとった。そのたびに街頭は脱構成を要求したが、それを組織化するだけの力量がなかったために、ムスリム同胞団や軍隊といった組織化された既存の勢力にその脱構成をもっていかれてしまったのである。要求をかかげる運動は**作用する**威力にはいつもかなわない。ここでついでに、君主の役割と「テロリスト」の役割がいともたやすく入れ替わるという事実に驚いておくのもよいだろう。権力の宮殿から地下牢への転落も、地下牢から宮殿への上昇も、ともにあっという間の出来事であることをわれわれはまのあたりにしたのだった。

昨日斃れた叛徒たちからうめき声がたちのぼる。「革命は裏切られた。われわれが死んだのは、臨時政府が選挙を組織するためではない。憲法制定議会が新憲法を準備し、その憲法が選挙の新たな方式をさだめ、その選挙が以前とほとんど変わらない新体制をもたらすといったことのためではない。われわれは生の変革をもとめていたが、何も、ほとんど何も変わらなかった」。この点について、ラディカルたちは相変わらずのことしかいわない。人民は代表を択ぶよりはむしろみずからを統治すべきだ、と。革命というものがことごとく裏切られるものだとすれば、それは運命のしわざかもしれない。だがそれはおそらく、革命をめぐるわれわれの観念のうちに、そうした運命を革命に強いているなにかしらの瑕疵がひそんでいることを意味しているのである。そうした瑕疵のひとつに、われわれが往々にして革命というものを、構成するものと構成されたものとの弁証法としてとらえてしまう点があげられる。われわれはいまだに寓話を信じているのである——構成された権力はすべて構成する権力にねざしており、神から絶対君主が出てくるようにネーションから国家が出てくるのだ、といった寓話を。現行憲法の下には表面にあらわれない超越的な秩序としての別の憲法がひかえており、普段は沈黙しているそれはある時雷のように突然現出するのだ、といった寓話を。われわれは信じていたいのである、「人民」ができることなら国会前に結集し、「あなたたちはわれわれを代表してなどいない！」と叫ぶだけで、構成する権力が顕現するだけで、構成された権力を魔法のように追っ払ってしまえるのだと。構成する権力のかかるフィクションはじつのところ、偶有的でまさしく政治的な起源、すなわち、権力を制定する**むきだしの一撃**を隠蔽するのに役立つばかりである。権力を手に入れたやつらは、社会全体にみずからの権威の起源を投影し、**みずからの名において**社会を統制し、正統的かつ合法的に黙らせるだろう。かくして人民の名のもとに人民に銃口を向けるといった離れ業がたびたび成立するのである。構成する権力とは、権力の汚れた起源がつねにまとう目眩ましの衣装にして、構成された権力が実際以上のものだと催眠にかけて信じ込ませるヴェールにほかならない。

アントニオ・ネグリのように「革命を統治する」つもりのやつらにとっては、郊外暴動だろうとアラブ世界の蜂起だろうと「構成する闘争」にしか映らない。広場の運動に由来するという疑わしい「構成的プロセス」を信奉するマドリードのあるネグリ派は、「九九パーセントの党」としての「民主主義党」の結成を呼びかけたほどだった。「15Mがそうだったのと同じくらい『ありふれて』いてポスト・イデオロギー的で非代表的な民主主義の新しい政体を節合する」ためだという。かかるたぐいの錯誤は、むしろ革命を**純粋な脱構成**《デスティチュシオン》として再考するようわれわれをうながすものである。

権力を制定《アンスティチュエ》するないし構成《コンスティチュエ》するとは、権力に基盤と根拠と正統性をもたせることである。経済・司法・警察の装置にとってそれは、権力という不安定な存在を、権力を超える次元、つまりは超越的な次元に定着させ、権力を手の届かないものにすることである。かかる操作によって、局地的で部分的な有限の存在でしかない権力は別の次元へと昇格するのであり、そうしてはじめて権力は全体を包摂できると思い込むようになるのである。あるひとつの権力が外部をもたない秩序となり、従属するか消滅させるかしかありえない比類のない実在となるのは、構成されたものとしてなのである。構成するものと構成されたものの弁証法は、ただたんに偶有的な政治形態にすぎないものに高次の意味を付与するためのものである。国家《レピュブリック》が永遠にして疑う余地のない人間本性の普遍的な旗印となり、カリフの領土が共同体の唯一の発生源となるのは、ただそのような操作の結果としてである。構成する権力とは、国家をして無謬の存在たらしめ、理にかなった根拠あるものとする、おぞましい妖術の名である。国家に敵はいない、なぜなら国家に刃向かうことは犯罪者になることだから。国家はどんなことでもする、なぜなら国家には名誉など必要ないのだから。

権力を脱構成するためには、街頭で権力を打破するだけでは充分ではないし、その諸装置を破壊し、諸々の象徴を燃やすだけでも充分ではない。権力の脱構成とは、権力からその根拠を剥奪することである。それをやってのけるのがまさしく蜂起である。構成されたものは蜂起のさなかであるがままの姿をさらけだし、無様なあるいは効果的な、お粗末なあるいは洗練された術策をくりだす。その時「王様は裸だ」といわれるだろう。なぜなら構成するもののヴェールはいまやずたずたに引き裂かれ、誰もがそれをあるがままの姿でみるのだから。権力を脱構成するということは、その正統性を剥奪し、権力に本来の恣意性を引き受けさせて、その偶有的側面を明るみに出すことである。権力が、様々な計略や手立てや策略にうったえる以外に何もできない立場にあると暴露することである――権力もまた他の多くと同様、生き残りをかけた争闘と策動の一過的な布置をつくりだしているということを。権力を脱構成するということは、いまや「モンスター」でも「犯罪者」でも「テロリスト」でもない叛徒たち、やつらの敵以外の何者でもない叛徒たちと同じ次元に政府を引きずりおろすことである。警察がただのギャング団にしかみえなくなるまで、司法が犯罪者の徒党としてあらわれるまで追い詰めることである。蜂起という万人に共通の闘争平面においては、現行権力は数ある勢力のひとつにすぎず、もはや他の諸勢力を統轄して命令したり断罪したりするメタレベルの勢力ではない。どんなゲス野郎にも住所はある。権力を脱構成するとは、権力を地上に引きずりおろすことである。

路上での対決の結果がどう出ようと、蜂起はつねにすでに、統治を可能にしている信仰にほころびを生じさせている。あわてて蜂起を葬り去ろうとするやつらが、すでに失効した正統性のずたずたの基盤をとりつくろうのに躍起になるのもそのためである。やつらはむしろ運動それ自体のうちに、正統性への新たな要求を吹きこもうとする。すなわち、理由ある存在として根拠づけられることへの要求を、様々な勢力が対立する戦略平面を統轄することへの要求を。「人民の」、「虐げられた人々の」、「九九パーセントの」正統性とは、蜂起による脱構成の内部に構成されたものを回復するためのトロイの木馬である。これこそ、街頭で蜂起を鎮圧するまでもなく蜂起を撃退するもっとも確実な方法である。脱構成を不可逆的なものとするためには、われわれは手始めに**われわれ自身の正統性を**手放さなければならない。何かの名にかけて革命をなしとげるのだ、革命勢力が代表すべき本来的に正しく潔白な本質があるのだといった考えを手放すべきである。みずからが神々の高みに立ちながら権力を地上に引きずりおろすことなどできない。

この時代に固有の権力の特殊形態を脱構成するにはまず、民主主義的な自己統治だろうと、他者による位階的な統治だろうと、**人間は統治されなければならない**という自明視された真理を仮説の地位にまで引き下げる必要がある。すくなくとも古代ギリシャでの政治の誕生にまでさかのぼるこの前提の効力たるや、サパティスタさえもかれらの「自律コミューン群」を「よき統治評議会」のうちに束ねあげたほどである。ここで機能している人類学は特定可能である。たとえばそれは、みずからの情念や欲求の全的充足を希求する個人主義的アナキストのなかにみうけられるし、一見それよりもペシミスト的だが、貪欲な獣である人間がたがいにむさぼりあうのを抑止できるのは唯一強制力のみであるといった発想のうちにもうかがえる。人間なるものは「恩知らずで無節操、不誠実でうそつき、卑劣で貪欲」であるというマキャヴェリの信条は、アメリカ民主主義の創始者たちにも流れている。ハミルトンが公準としたところによれば、「統治機構を建立するさいは、いかなる人間もペテン師だという原理から出発しなければならない」。いずれの場合も出発点にはつぎのような視点がある。いわく、政治秩序には多かれ少なかれ獣じみた人間本性を抑制する使命がある。いわく、世界や他者に立ちむかうのは「わたしひとり」である。いわく、存在するのは分離された諸身体のみだから、なんらかの技巧によってそれらをまとめあげなければならない。マーシャル・サーリンズがあきらかにしたように、「文化」によって抑制すべき人間本性というその発想は**西洋に特有の幻想**である。それは**われわれに固有の**悲惨をあらわしているのであって、大地に住まう人々すべてにとっては無縁の悲惨である。「人類の大半にとって、われわれがよく知る利己主義は、規範的な意味において自然ではない。われわれにとっては身近な利己主義は、魔術による呪縛や狂気の形状、追放処分や死刑の理由とみなされるべきものであり、すくなくとも治癒すべき病の徴候である。貪欲とは、前社会的な人間本性などではなく、人間のたんなるひとつの欠点なのである」。

だが、統治を脱構成するためには、かかる人類学やそれが前提とする「リアリズム」を批判するだけでは充分ではない。われわれは、その人類学を**外部から**把握し、知覚の別の平面があることを肯定できなければならない。というのもじっさいにわれわれは**別の平面上を**動いているのだから。われわれが生き、構築しようとこころみていることがらの相対的な外部から、われわれは以下のような確信にいたった。統治の問いは、真空から、ほとんどの場合事後的に**つくりだされた**真空からしか発生しないという確信である。権力にとっては、おのれ自身を世界から充分に分離し、個人の周囲あるいは内部に充分な真空を生じさせ、諸存在のあいだに充分な空虚をもうけておいてはじめて、もはやなんのつながりもないそれら異質な諸要素すべてをどのように編成するか、分離された存在を**分離されたまま**束ねるにはどうすればよいか、という問いが可能になるのである。権力は真空をつくりだす。真空は権力を呼びもとめる。

統治のパラディグムから抜け出すには、それとは逆の政治上の仮説から出発しなければならない。真空などなく、すべては住まわれており、われわれひとりひとりが、われわれを横断している膨大な情動や系統の、歴史や意味作用や物質の流れの、結節にして通過点なのだという仮説から。世界はわれわれを囲んではいない。世界はわれわれを貫通している。われわれが住まうものにわれわれは住まわれているのだし、われわれをとりまくものによってわれわれは構成されているのである。われわれはわれわれの所有物ではなく、われわれが関係しているあらゆるもののうちに、つねにすでに散種されている。われわれを横断するものすべてを捕獲しようとする真空など問題ではない。現にそこにあるものによりよく住まうすべを学ぶことである——当然それは、現にそこにあるものを知覚できるようになることを前提している。そしてそれは近視眼的な民主主義の申し子たちにとってはけっして自明ではない。事物ではなく力に、主体ではなく力能に、身体ではなく関係に満たされた世界を知覚すること。

生の形態が脱構成を完遂するのは、生の形態の充実によってのみである。

ここで、引き算は肯定となり、肯定は攻撃の一環をなすものとなる。

Turin, 28 janvier 2012

権力とはロジスティクスである。すべてを遮断せよ！

一　権力はいまやインフラのうちに存在する
二　組織化と自己組織化の違いについて
三　封鎖戦術《ブロカージュ》について
四　調査について

一

チュニスのカスバやアテネのシンタグマ広場の占拠、二〇一一年の学生運動のさなかでのロンドンのウエストミンスター宮殿の包囲、二〇一二年九月二五日のマドリッドや二〇一一年六月十五日のバルセロナでの市議会封鎖。二〇一〇年十二月十四日には暴動がローマの下院議会の目前にまでせまり、二〇一一年十月十五日にはリスボンの共和国議会議事堂に突入がこころみられ、二〇一四年二月にはボスニア大統領府から火の手があがった。制度としての権力の座は、磁力のように革命派をひきつける。だが、ウクライナやリビアやウィスコンシンでしめされたように、叛徒たちが議会や大統領府やその他の制度的な本拠地を完全に攻囲できたとしても、**からっぽの**場所、権力のもぬけの殻、味気ない家具つきの不動産をみいだすだけだろう。そのような場所への侵入が絶対的なタブーになっているのは、「人民」による「権力奪取」を阻止するためではなく、**権力がもはや制度には存在しない**と見抜かれないようにするためである。そこにあるのはうちすてられた聖堂であり、不要になった要塞であり、たんなる舞台装置である。それらは**革命派をおびきよせる疑似餌**にほかならない。舞台に乱入して舞台裏を曝こうとする大衆的衝動はかならずや失敗する。いかに熱心な陰謀論者といえども、そこに侵入できたところでなんの秘密もみいだせないだろう。真実をいえば、権力はもはや、近代のならわしであったあの演劇的現実ではないというだけの話である。

もっとも、権力のありかをめぐる真相はなんら秘匿されてはいない。われわれは、自分たちの居心地のいい確信に水をさされたくないばかりに、それを見ようとしないだけなのである。じっさい真相に気づくためには、EU発行の紙幣をながめてみるだけでよい。マルクス主義者や新古典派経済学者には容認すべくもなかったが、貨幣というものは経済の道具ではない。明らかに、それはもっぱら**政治的な**現実である。これまでわれわれが目にしてきたどの貨幣にも、それを保証する政治的秩序が裏面に描かれていた。だから様々な国の通貨には、皇帝や国家的偉人や建国の父といった人物像、あるいは国家それ自体のアレゴリー形象があらわされているのがならわしになっている。ならば、ユーロ紙幣には何が描かれているか？　人物の肖像でも人格主権の記章でもない。描かれているのは橋や水路やアーチであり、つまりは、いかなる精神の反映でもない非人称的な建築物である。権力の今日的性質についての真相は、全ヨーロッパ人のポケットのなかに印刷された状態でおさまっているわけだが、それを定式化すればこうなる。**権力はいまやこの世界のインフラのうちに存在する**。現代の権力は非人称的で建築的な性質のものであって、代理表象的でも人称的でもない。伝統的な権力は代理表象的な性質をそなえていた。法王は地上のキリストを、王は神を表象していたし、大統領は人民を、党書記長はプロレタリアを代表していた。かかる人称的な政治のすべてが終わったのである。したがって、地球上の絶滅危惧種というべき希少な雄弁政治家は、統治する以上にひとを楽しませる存在である。じじつ政治家というのは、多少とも才能のある道化師からなっている。だからイタリアのベッペ・グリッロやフランスのデュドネといったろくでなしが拍手喝采を浴びるのである。要するに、やつらはすくなくとも**気晴らしをさせる**のが得意なのであって、ほかならぬそれがやつらの本業なのである。それゆえ「われわれを代表していない」といって政治家を非難するのは、ノスタルジーを温存するだけのまったくの徒労というほかはない。政治家がわれわれを代表するためではなく、気晴らしを提供するために存在しているのは、権力がほかの場所にあるからである。かかる的確な直観はしかしながら、現代の陰謀論の手にかかると、例外なく狂気の沙汰として一蹴されてしまう。たしかに権力は制度とはまったく別のところにあるが、だからといって隠されてはいないのである。隠されているとしても、ちょうどポーの『盗まれた手紙』のようなかたちで隠されている。誰もそれを見ないのは、それがつねに視界に入っているからである――高圧線、高速道路、ロータリー、スーパーマーケット、コンピュータ・プログラムとして。それが見えない場合には、下水道網、海底ケーブル、鉄道路線に沿って敷設された光ファイバー、あるいは森の奥深くに設置されたデータセンターとして。権力とは、工学的に処理され、環境として整備されデザインされたこの世界の組織化そのものにほかならない。たしかにここには秘密がある。**秘密などないという秘密が**。

権力はいまや、テクノロジー的かつ商品的に組織化された生そのものに内在している。それは一見したところ、設備一般やグーグルの白い画面のように、これといった特徴をもたない。空間のアレンジメントを決定し、環境や雰囲気を統御し、事物を運営してアクセスを管理する――そのようにして人間を統治するのである。現代の権力は一方では、「市民の善き生とセキュリティ」に配慮するというポリス旧来の科学を継承し、他方では「兵力をうごかす技法」としての兵站術を継承するものであるが、その兵站術はといえば、いまやコミュニケーション・ネットワークの連続性や戦略的機動性を確保する技法へとかたちを変えている。われわれが公共性や政治の見解をめぐってぺちゃくちゃと口論しているあいだに、本当の決定が**われわれの目前で**くだされていたのである。現代の法は鋼鉄製の建造物として書かれているのであり、ことばによって書かれているのではない。市民がどれだけ義憤にかられても、この世界の鉄筋コンクリートにかれらの鈍い頭をぶつけるだけだろう。イタリアにおけるTAV反対闘争の大いなる功績は、ありふれた公共事業の工事現場のなかにある政治的なものすべてを、きわめて明晰に把握しえた点にある。しかるに、かかる真実を把握できる政治家はひとりもいない。あるときTAV反対闘争に反論して「いずれにせよ、問題となっているのはたんなる鉄道路線の敷設なのであって、爆撃機の誘致などではないのです」と述べたあのベルサーニのように。それにたいして、「ひとつの工事現場は一個の大隊に匹敵する」と喝破したのは、植民地を「鎮定する」ことにかけては右に出る者のなかったリヨテ元帥である。ルーマニアからブラジルまで、世界のあちこちで大規模な整備開発計画にたいする反対運動が増加しているのは、以上のような直観がおのずと広まってきているからである。

いまある世界にあらがって何ごとかをくわだてる者は、以下の事実から出発すべきである。すなわち、この世界の物質的かつテクノロジー的な組織化そのものが権力の真の構造である、という事実から。**統治《グヴェルヌマン》はもはや政府《グヴェルヌマン》には存在しない。**ベルギーで一年以上つづいた「政権の不在」がそのことを余すところなく証明している。この国は、政府も、選挙で択ばれた代議士も、議会も、討論も、選挙の争点もなしですますことができたのであり、その不在によって国の通常機能はまったく支障をきたさなかった。同様に、イタリアでもまたここ数年来、おなじ「技術による統治（実務型政府）」のあいだで政権交代がくりかえされている。誰も怒っている様子はないが、この「技術による統治（実務型政府）」という表現は、最初のファシストたちを孵化させた未来派党が一九一八年に出した綱領としての宣言を起源としている。

権力はいまや事物の秩序そのものであり、ポリスがその防衛をになっている。インフラそれ自体としての権力、インフラを機能させ、管理し、建設する手法そのものとしての権力を思考するのは容易ではない。しかるべく表明されず、ただ黙々と少しずつ建設されていくだけのかかる秩序にたいして、いかにして異議を唱えればよいのか。日常生活上の事物それ自体に組みこまれた秩序、その政治的な構成がそのまま物質的な構成となっている秩序、大統領の発言よりも、最適化機能の沈黙のうちに発生している秩序にたいして。権力が王令や法や規則をつうじてあらわれていた時代には、権力はつねに批判にさらされていた。だが、壁を批判したところでどうにもならない。それは破壊され、タギングされるべきものである。カラーコーンによって区切られ、監視カメラによって頭上から見張られた街路といったかたちで言表される統治、その道具や設備によって生の**配置をつくりだす**統治にたいしては、おおよその場合、同じく無言でそれを破壊するほかはない。かくして日常生活のフレームそれ自体に攻撃をしかけることが流聖のみぶりとなった。それは日常生活の構成を侵犯する大それた何ごとかなのである。都市暴動における手当たりしだいの破損行為は、そうした事物の状態についての自覚をしめすとともに、それに対峙するさいの相対的な無力さをも物語っている。バスの待合所が体現しているのは疑視されざる無言の秩序であるが、それを粉砕したところで、秩序のほうまで粉々になるわけではない。ショーウィンドーをすべてたたき割っても、割れ窓理論は依然として健在だろう。「環境」の神聖さをうたう偽善的な文言や「環境」保護をかかげる聖十字軍に後光がさしているようにみえるとすれば、それはつぎのような新事態からくるものである。すなわち、**権力それ自体が環境的なものになって背景のうちに溶解してしまった**。公的機関による「環境保護」の訴えにおいて、われわれが保護するようもとめられているのはつねに権力なのであり、小さな魚などではないのである。

二

日常生活はつねに**組織化されて**きたわけではない。その組織化のためにはまず、都市をはじめとして生活を解体していく必要があった。生活や都市は「社会的必要」に応じて**諸機能**に分解された。オフィス街、工場地帯、住宅街、休憩スペース、娯楽のためのヒップな界隈。食事をする場所、仕事をする場所、ナンパをする場所。そしてそれらすべてを連絡する車やバス。これらは、生の形式化のなれのはてであるが、形式化された生はあらゆる生の形態の荒廃そのものなのである。かかる操作は、**オルガナイザー**の一味によって、マネージャーという灰色の大群によって、一世紀以上にわたって粛々とすすめられてきた。ひとと生活は一連の必要へと解体され、ついでそれらの総合が組織されたのである。その総合が「社会主義計画」の名で呼ばれようが「市場」の名で呼ばれようがかまわない。ニュータウンの失敗へと帰着しようが、流行スポットとして成功しようがかまわない。いずれにせよ結果は同じであって、行きつく先は砂漠であり、実存の貧困なのである。生の形態はひとたび諸器官に分解されてしまえば、そのものとしてはなにも残らない。逆に、プエルタ・デル・ソルやタハリールやゲジといった広場の占拠にみなぎっていた手ざわりのあるよろこびや、ノートル・ダム・デ・ランドの農地占拠がたたえている魅惑――ナントの田園地帯のすさまじいぬかるみにもかかわらず――は生の形態に由来している。それはあらゆるコミューンにそなわったよろこびである。生は突如として、切り分けられた断片のつらなりであることをやめる。眠り、戦い、食べ、養生し、パーティーをひらき、共謀し、議論すること――これらすべてがただひとつの生の運動になるのである。すべては**組織化される**のではない、すべてが**自己組織化する**。この違いは特筆すべきである。組織化は管理運営を要請するが、自己組織化のほうは注意を要請する。これらふたつの態度はいかなる点でも両立しえない。

二〇〇〇年代初頭のボリビアで起こったアイマラ族の蜂起をふりかえりつつ、ウルグアイの活動家ラウル・ジベッチはつぎのように書いている。「これらの運動において、組織化は日常生活と切りはなされていない。蜂起的な行動のなかで展開されるのは、日常生活そのものである」。かれは二〇〇三年、エル・アルトの地区界隈において「かつての組合的なエートスがコミューン的なエートスにとってかわった」と指摘している。これこそ、インフラ権力にたいする闘争のあり方を明らかにするものである。インフラとは何を意味するかといえば、生が生の条件から切りはなされている、ということである。生に**諸々の条件が課されたた**ということである。生がもはやみずからの手に負えない諸要因に左右されるようになって、足場を失うということである。インフラが組織するのは、世界から切りはなされた生、宙吊りにされた生、インフラを管理するやつらの思いのままになってしまう生である。こうしたことを否認する虚勢的な態度こそ、メトロポリスにはびこっているニヒリズムなのだろう。

ラウルの言明は他方で、世界中の多くの村や地区界隈ですすめられている実験において探求されているものを照射している。そしてまた、その実験が不可避的に逢着するだろう暗礁についても。たんなる大地への回帰ではない。**力量として**大地に住みなおすべきなのである。蜂起の攻撃力、敵のインフラを持続的に破壊できるその力量、それはほかでもなく、コミューンの生の自己組織化の程度いかんにかかっている。オキュパイ・ウォールストリート最初期における反射的な行動のひとつとしてブルックリン橋を封鎖しようとしたこと、あるいはオークランドのコミューンが二〇一一年十二月十二日のゼネストのさいに数千人で都市の港の機能を麻痺させようとくわだてたことは、自己組織化と封鎖戦術との直感的な結びつきをしめすものである。だが、かかる占拠にかろうじて兆していただけの自己組織化によっては、そうした試みをより遠くまで押しすすめるべくもなかった。他方で、タハリール広場はカイロの、タクシム広場はイスタンブールの自動車交通の中心に位置する要衝である。そのフローの遮断はそのまま状況の打開であった。占拠はそのままで封鎖戦術であった。だからこそ、メトロポリス全体を統べていた「常態」を瓦解させる力量が生みだされたのである。またそれとはまったく別の水準で注目すべきはサパティスタについてである。一方でサパティスタは現在、メキシコ中のさまざまな先住民族をまきこむかたちで、道路や発電所やダムの建設、あるいは鉱山採掘の計画に反対する二九の環境保護闘争をつなごうとしている。他方でサパティスタは、連邦権力や経済権力から自律をはたすために、ここ十五年間を可能なかぎりのあらゆる手段の獲得についやしてきた。われわれとしてはこれらふたつの事実に関連をみとめないわけにはいかない。

三

「この世界はフローによってこそ維持されている。すべてを遮断しよう！」二〇〇六年フランスにおける反CPE運動のさいにまかれたビラにはそう書かれていた。当時、少数派の運動――「勝利を獲得した」運動であったが――のさらに少数の者によってつたえられたこのスローガンはその後、特筆すべき変遷をたどる。まずそれは二〇〇九年、グアドループ全土の機能を麻痺させた反「搾取(pwofitasyon)」の運動で大々的に実践された。ついで二〇一〇年秋にフランスでおこった年金改革反対運動において、封鎖戦術は闘争の基本的実践になった。石油備蓄基地やショッピングセンター、駅や生産施設が一様に封鎖されたのである。かかる経緯のうちに世界の現状のいくばくかがしめされている。

フランスでの年金改革反対運動において政治上の観点から見落とせないのは、それが製油所の封鎖戦術を中軸に据えていたという事実である。一九七〇年代末から、製油所は「プロセス産業」の名でよばれる「フロー」産業の最先端であった。以来、製油所の運営手法は、あまたの工場再編にさいしてモデルを提供してきたといってよい。もっとも、もはや「工場」と呼ぶべきではなく「**施設**」と呼ぶべきである——たとえば生産施設というように。工場と施設のちがいは、工場が労働者、ノウハウ、原料、在庫品を集約する場であるのにたいして、施設というのは生産フローチャートのひとつの結節でしかない、という点にある。両者の共通点はといえば、出荷されるものは搬入の時点とくらべるとなにかしらの変容をこうむっている、という事実でしかない。他方で、製油所とは第一に、労働と生産の関係が逆転している場所である。製油所にいるのは労働者というよりもむしろオペレーターであり、その業務はといえば、機械類のメンテナンスや修理ですらなく——そうした業務はおおよそ非正規労働者にまかされる——、完全にオートメーション化された生産プロセスの周囲でひたすら監視の目を光らせるというものである。それは異常をつげる警告灯であり、配管のごぼごぼという不可解な音である。不自然に立ちのぼる煙であり、あるいはおかしな場所から吹きだす煙である。製油所の労働者はいわば機械をみはる警備員、神経を集中させた手持ちぶさたの人物なのである。同様の傾向はいまや西洋の産業セクターの多くにみうけられる。古典的な労働者は、みずからを大いなる生産者と誇らしげに同一視したものだった。いまでは**労働と生産の関係はごく単純に逆転している**。労働は、ある機能不全によって生産がとどこおり、それに対処する手立てを講じなければならなくなったとき、すなわち生産がストップしたときに、はじめて要請されるのである。マルクス主義者は装いを新たにすることだろう。商品価値化のプロセス、すなわち採掘からポンプまでは、流通プロセスと完全に符合しており、流通プロセスそれ自体も生産プロセスと完全に符合している。そしてその生産プロセスはといえば、市場の最終的な変動にリアルタイムで左右されるのである。商品価値というのは労働者の労働時間の結晶化であるといった言説は、実り多くも詭弁にみちた政治的操作だった。かかる言説は、製油所においてであれ、完全にオートメーション化されたその他のあらゆる場所においてであれ、いまやふゆかいな皮肉にしか聞こえない過去の遺物である。中国にあと一〇年の猶予をあたえてみよう。数々のストライキと労働者の要求をへた一〇年後の中国もまた同じ状況にあるだろう。当然ながら、工場労働者のなかで製油所の労働者がかねてよりもっとも給料がよいという事実も見逃せない。また、とりわけ労働組合のあり方をめぐって「社会関係のフロー化」と婉曲的に名指されるものを、すくなくともフランスにおいて率先して試行したのがこのセクターであったことも看過すべきではない。

年金改革反対運動のなかでフランスの石油備蓄基地の大半が封鎖されたが、それを決行したのは基地ではたらく五名の労働者ではなく、教師や学生、ドライバーや鉄道員、郵便局員や失業者、そして高校生たちだった。このことは、基地の労働者たちにそうした手段にうったえる権利がなかったことに起因するのではない。たんにこういうことである。すなわち、生産組織が脱中心化され、液状化し、大部分がオートメーション化された世界、ひとつひとつの機械がそれを包摂する統合機械システムのたんなる一要素でしかなくなった世界、そして諸機械を産出する機械システム＝世界がサイバネティクス的に統合されつつある世界においては、個々のフローそれぞれが資本による社会全体の再生産の一契機となるからである。もはや「生産領域」と区別される、労働力や社会的諸関係の「再生産領域」は存在しない。そのうえ「領域」なるものはもはや領域ではなく、むしろ世界やあらゆる諸関係で織りなされた網状組織《トラム》になっている。かかるフローを任意の地点で物理的に攻撃すること、それはつまるところ、システム全体を政治的に攻撃することにほかならない。ストライキの主体が労働者階級であったのにたいし、封鎖戦術の主体はまったくの誰でもよい誰かである。封鎖を決断して世界の現行の組織化に反対の立場をとる者ならば、誰もがそうであるところの誰かである。

　文明というものはたいてい、それが最高度に洗練化されたときに崩壊する。各生産ラインがかくも緻密な特殊領域まで延々と伸びており、かくもおびただしい仲介をへるようになっている現状では、そのどれかひとつが消滅してしまうだけでライン全体を機能停止に、さらには壊滅状態に追いやるのに充分である。日本のホンダ工場は三年前、一九六〇年代以来もっとも長期にわたる技術上の操業停止を余儀なくされたが、それはたんに、特殊なコンピュータチップの納入業者が二〇一一年三月の地震で営業を停止し、その部品を製造できる者がほかに誰もいなかったためである。

いまや大規模な運動が起こるたびに、すべてを遮断してやるという熱狂がわきおこるようになった。その熱狂のうちに読みとるべきなのは、時間とのかかわりの鮮やかな反転である。ヴァルター・ベンヤミンがいう歴史の天使が過去を見ていたのと同じ仕方で、われわれは未来を見ている。「われわれには出来事の連鎖と見えるところに、かれはただひとつの破局をみとめる。その破局は次から次へとたえまなく瓦礫をつみかさね、天使の足元にそれらをたたきおとす」。時間の経過はもはや、恐るべきものにちがいない終末への漸進としてしか理解されない。今後の一〇年、二〇年、三〇年は、気候のカオス――これこそとってつけたように「地球温暖化」と呼ばれるものの正体であるのは周知の事実である――への歩みではないか。重金属は食物連鎖のうちに日々蓄積されていくだろうし、放射性核種をはじめとする不可視でありかつ致命的な汚染物質も蓄積されていくだろう。したがって、グローバルなシステムの遮断をくわだてる運動や反乱や蜂起のそれぞれを、**時間をとめ**、より破滅的でない方向に進路をきりかえる試みとしてとらえるべきなのである。

四

革命的展望といえるものはすべて解消されてしまったが、闘争の非力がその原因なのではない。信憑するに足る革命的展望の不在のほうが闘争の非力の原因なのである。われわれは革命の政治的理念で頭をいっぱいにして、革命の技術的次元をなおざりにしてきた。**革命的展望はもはや社会の制度的な再組織化ではなく、諸世界の技術的布置にかかわっている。**革命的展望がかかる性質のものである以上、それは現在時にひかれた一本の線であって、未来時にただようなにかしらのイメージなどではない。展望の回復をのぞむなら、よりよい世界を確立したいという欲望と、この世界はそう長くはつづかないという漠たる確信をあわせもつ必要がある。というのも、この世界が維持されているのはなによりもまず、めいめいがたんに生きのびるためだけに、社会機械の円滑な全般的作動に依存しているからなのだから。われわれに必要なのはこの世界の組織化についての徹底した技術的知識である。そのような知識によってこそ、支配的な諸構造を失活させ、あらゆる領域におけるカタストロフの進行からの物質的かつ政治的な撤退を組織化するための時間を確保できるようになる。窮乏への不安やサバイバルの焦眉にまみれていない撤退を。ひらたくいえばこうなる。すなわち、原発なしで済ませるやり方がわからないうちは、また、原発解体が原発の永続化をもくろむやつらのビジネスであるうちは、国家廃絶の望みなどお笑いぐさでしかない。民衆蜂起の展望が、ケアや食糧やエネルギーをめぐって確実に生じる欠乏を意味するうちは、断固たる大衆運動は存在しないだろう。だから、われわれは綿密な調査を再開せねばならない。あらゆるセクターにおいて、われわれが住むあらゆる領土において、戦略的な技術知識をそなえた者たちと出会いにいかなければならない。そうしてはじめて、運動は真の意味で「すべてを遮断する」戦術を敢行するだろう。そうしてはじめて、もうひとつの生の実験へとのりだす熱情が解放されるだろう。その熱情は往々にして、テクノロジーの支配下にある万人が反逆へと転じる技術的熱情であるだろう。あらゆる分野において知を蓄積し共謀を確立してゆくこのプロセスこそ、革命という問いを一斉かつ確実に回帰させるための条件である。

「労働者たちの運動は資本主義に敗北したのではない。民主主義に敗北したのである」とマリオ・トロンティは述べている。さらにいえば、労働運動は労働者の力能の主要な部分を自分たちのものにできなかったために敗北したのである。労働者を労働者たらしめているのは経営者による搾取ではない。そうした搾取なら他のどんな賃金生活者にも共通しているだろう。労働者を積極的に労働者たらしめているもの、それは、ある特定の生産世界における技術的習熟の受肉である。そこにあるのは熟練的であると同時に民衆的な気質であり、労働者世界に固有の豊饒性をなしてきた情熱的な知識である。かかる知性を搾り尽くすことができず、そこにひそむ危険性にあとから気づいた資本は、労働者をオペレーターや監視員や機械のメンテナンス業者に仕立てあげたのである。それでも労働者の力能はそのままでありつづけている。システムを作動させることができる者はそれを効果的に破壊することもできる。しかるに、現行システムの自己再生産を可能にしている技術のすべてを、たったひとりで自在に操作できる者などどこにもいない。それができるのは唯一、コレクティヴな力のみである。革命的な力を構築するということは今日、つぎのことを意味する。すなわち、革命にとって不可欠な諸技術と諸世界のすべてをつなげること、そしてそれらを統治のシステムとしてではなく、歴史的な力として結集させること。

二〇一〇年秋の年金改革反対運動の失敗は、われわれに厳しい教訓をもたらしたといえるだろう。CGTが闘争全体を掌握したが、それはわれわれが**かかる平面**で力量不足だったからである。CGTにしてみれば、みずからがヘゲモニーをにぎるセクターであるところの製油所で、封鎖戦術を運動のかなめとすれば事足りたのだろう。しかる後であれば、時をえらばず製油所のベントをひらき、国中にみなぎっていた圧力をゆるめて試合終了の笛をならすことなど、CGTにとってはたやすいことだったのである。じじつ運動は、この世界の物的機能についての最低限の知識さえ欠いていたのである。個々の労働者の技量としてかれらのあいだに分散しているその知識は、幾人かのエンジニアの禿げ頭のなかに集計され、敵陣の胡乱な軍事機関によって共有されている。警察の催涙ガスの補給を断つことができていれば、あるいはまた、テレビのプロパガンダをまる一日止められていれば、さらには当局への送電を遮断できていたなら、事態はかくも無残に終結することはなかったはずである。だがおもうに、運動の**政治的**敗退の主たる要因は、県の権限による接収というかたちで、**誰が**ガソリンを利用できて**誰が**それを利用できないかを決定する戦略的特権を、国家にゆだねてしまったことであるにちがいない。

「今日、誰かを厄介払いしたければ、そいつのインフラを攻撃すべきである」。アメリカのある大学教員はこう指摘するが、しごくもっともである。第二次世界大戦以降、「インフラ戦争」という構想を実行に移しつづけてきたアメリカ空軍は、ごくありきたりの民間施設のうちに、敵を降参に追い込むことのできる最良の標的をみいだしてきた。この世界の戦略的インフラが厳重機密としてますます秘匿されるようになっているのがその証拠である。革命勢力にとっては、インフラを封鎖できたところで、必要しだいでそれを作動させ利用することができるのでなければなんの意味もなさない。テクノロジー・システムを破壊するすべをわきまえるということは、そのシステムを無用のものとする諸技術を実験し、活用できることが前提である。大地に力量として住みなおすためには、手はじめに、われわれ自身の生存条件について無知なまま生きるのをやめなければならない。

Oakland, 20 décembre 2013

ファック・オフ・グーグル

一

ツイッターの系譜学を紹介しておこう。それはほとんど知られていないが、注目に値するものである。ツイッターというのは、二〇〇四年の共和党全国大会への対抗デモのさいにアメリカの活動家たちが発案したTXTMobというプログラムに由来している。それは携帯電話をつうじた連携を可能とするアプリケーションであり、当時、警察の動向をリアルタイムで共有するために約五千人によって使用された。ツイッターはその二年後に発足し、たとえばモルドバで、同様の目的で使用されている。二〇〇九年のイランのデモは、ツイッターがとりわけ独裁下で闘争する叛徒たちの連携手段として必要不可欠であるという見方を普及させた。だから二〇一一年、それまで何も起こるはずがないと思われていたイングランドでの暴動をめぐって、ジャーナリストらは当然のことのように、震源地トッテナムからの暴動の拡散にツイートが役立ったというストーリーをでっちあげたのである。ところが暴徒たちは連絡をとりあううえでむしろ、銀行や多国籍企業のトップ・マネジメントの使用にたえる鉄壁のセキュリティをそなえ、イギリス諜報機関でさえ暗号解読の鍵をもたない電話BlackBerryに目をつけていた。じじつその後、警察への協力をやめさせるべく、あるハッカー集団がBlackBerry社のサイトを攻撃している。

ならばツイッターは、その暴動においていかなる自己組織化をもたらしたのか？　衝突と略奪がひきおこした損害の後片づけを買ってでる、市民清掃団の自己組織化だった。そして、そのイニシアチブをうけてコーディネートをになったのは、「災害に対処し、危機への応答とレジリアンスを向上させるテクノロジー手段の構築と活用にむけた、協働ボランティアのネットワーク」なるものを自認する「クライシス・コモンズ」である。フランスの一部のまぬけな左派は当時、このイニシアチブを、いわゆる「義憤した者たち《インディグナドス》」の運動のなかであらわれたプエルタ・デル・ソル広場の組織化とひとまとめにあつかった。警察からのたびかさなる襲撃にも屈することなく、占拠した広場で数千人が生活するために自己組織化する行為と、秩序のすみやかな回復をはかるイニシアチブを混同するなど、ばかげていると思うだろう。もっとも、どちらにも**つながった市民の自然発生的なみぶり**しか見ないのならば、そのかぎりではないのだろう。すくなくともスペインの「義憤した者たち」のかなりの部分は、初日の五月十五日の時点から、つながった市民というユートピア信仰を全面的に押し出していた。かれらにとって、コンピュータ上のソーシャルネットワークは、二〇一一年の運動の拡大を加速させただけではなく、とりわけ闘争と社会のために新しい政治的組織化の基盤を提供するものだった。つまり、つながった、参加型の、透明な、民主主義である。

それにしても、自称「革命派」にとって、アメリカ政府のテロ防止カウンセラーであるジャレッド・

コーエンのような人物と思惑が一致しようとは、痛恨のきわみだろう。そのコーエンは二〇〇九年の「イラン革命」のさなかにツイッター社と接触し、検閲に屈せず同社の機能を維持するようあと押ししている。さらにコーエンは近年、グーグルの元社長エリック・シュミットと共著で薄気味わるい政治の書『デジタル新時代〔邦題・第五の権力――Googleには見えている未来〕』を出版した。そこでは冒頭からこう書かれているのである。「インターネットとは、歴史にアナーキーを導入して何が起こるかをみきわめる、稀有壮大な実験である」。新しい通信テクノロジーは政治上の美点をそなえているという誤解を押しとおすための口上としては上出来ではないか。

「トリポリで、トッテナムで、ウォールストリートで、人々は、現在の政治家たちの失策や、選挙制度が提示するなけなしの選択肢にたいして反旗をひるがえす。〔……〕人々はもはや政府も、権力が集中するその他の機関も信用していない。民主制が市民参加を投票だけに限定するのを正当化しうる根拠は存在しない。われわれが生きているのは、普通の人々がウィキペディアに貢献する世界である。サイバースペースや物質界で、エジプトやチュニジアの革命、スペインの義憤した者たちの運動のようなデモをオンラインで組織する世界である。ウィキリークスが暴露する外交公電をつぶさに分析する世界である。遠距離での共働をかなえるこのテクノロジーはまた、よりよい自己統治がわれわれに可能だという希望をもたらすものである」。このように語っているのは「義憤した者たち」の一員ではない。もしそうであるならば、その者はホワイトハウスのオフィスで長年キャンプしていたのだといわねばなるまい。誰あろうベス・ノヴェックこそは、オバマ政権の「オープンガバメント」化にむけてイニシアチブを取ってきた人物である。現行政府がになうべき役割というのは、市民同士をつなぎ、官僚機構の中枢に保管されている情報を自由に使えるようにすることである——オープンガバメントというプログラムの出発点にはそのような状況認識がある。かくしてニューヨーク市役所はいう。「あなたにとって良いことを政府が知っているといったヒエラルキーはもはや時代遅れである。今世紀が立脚する新しいモデル、それは、共創と協働である」。

オープンガバメント・データという構想を立ち上げたのは政治家ではなく、オープンソースでのソフトウェア開発を熱心に支持するプログラマーたちだったのも当然である。かれらはアメリカ合衆国建国の父の希求を引き合いにだす。「市民ひとりひとりが政府に参加せんことを」。ここにおいて政府は、チームリーダーやファシリテーターの役割へと縮小される。あげくのはてには「市民活動調整プラットフォーム」の役割へと。ソーシャルネットワークとの対応は明確に意図されたものである。だからニューヨークの市庁舎では次のような問いが行き交っている。「都市というものを、フェイスブックの仕様であるＡＰＩ（アプリケーション・プログラミング・インターフェイス）のエコシステムやツイッターと同じものとして把握するにはどうすればよいか?」「そうすれば、より利用者を中軸にすえた統治実験が可能となるにちがいない。なぜならここで問われているのは消費だけにはとどまらない、公共サービスと民主主義の共同製作だからである」。

かかる言説をシリコンバレーの過熱気味の頭脳が生んだ戯言として一蹴するにせよ、統治の実践が国家主権とは似ても似つかなくなってきていることはたしかである。ネットワーク時代における統治とは、ヒト・モノ・機械の相互連結を保証し、自由な、したがって透明な、したがって制御可能な情報の流通を確保することである。ところが、そうしたことの大半はすでに国家装置の外で達成されている――国家装置はそれらを掌握しようと躍起になってはいるが。たしかにフェイスブックとは、統治の新形式のめざすべきモデルというよりは、すでに実現された統治の新形式にほかならない。革命派のなかには、路上の群衆となるためにフェイスブックを使用してきた者がいたし、いまも使用している者がいるが、この事実はたんに、フェイスブック自体に反して、その主として警察的な役割にもかかわらず、場合によってはフェイスブックを利用しうる、という事実をしめしているにすぎない。

今日、情報科学者が大統領宮や大都市の市庁舎に入ることを許されるのは、そこに居座るためというよりは、新たなゲームの規則を表明するためである。いまや行政は、みずからと同じサービスに従事する他業者と競合しているばかりか、残念ながら先を越されてしまっている。スマートフォン用のアプリとして近いうちにアクセス可能になる地籍台帳のように、国家のサービスを革命から防衛する手立てとしてみずからのクラウドサービスを呈示する『デジタル新時代』はさらにこうたたみかける。「将来、人々は自分たちのデータを保存するばかりではなく、自分たちの政府を保存することになるだろう」。そして、いまや誰がボスなのかはっきりさせるべく、こう結ぶのである。「政府は崩壊するかもしれない。戦争が物的インフラを破壊するかもしれない。だがヴァーチャルな機構は生きのびる」。無垢なインターフェイスの裏側に、比類ない性能をほこる検索エンジンのグーグルがしのばせているのは、あきらかに政治的な企図なのである。地球という惑星の地図を作成するため、あらゆる都市のあらゆる街路に人員を急行させる一企業の目的が、たんなる商売にとどまるはずがない。地図を作成するのは占有を目論めばこそである。「邪悪になるな！」とは、むだな抵抗はやめろ、ということなのである。

地上のズコッティ公園を埋めつくしたテントの中でも、ニューヨークのオフィスビル上階のマーケティング局でも、同じ用語で災害への応答が考えられている——つながり、ネットワーク、そして自己組織化。いささか当惑させられるこの事実は、いまや地球上にウェブをはりめぐらせ、われわれが生きる世界のテクスチャーさえも織りなしている新しいコミュニケーション・テクノロジーの確立にともなって、ある種の思考と統治の流儀が勝利しつつあることを物語っている。ところで、この新しい統治学の根本原理は、その応用のための技術手段を発明した科学者やエンジニアたち自身によって打ち立てられた。その歴史は以下のとおりである。一九四〇年代、米軍での勤務を終えようとしていた数学者ノーバート・ウィーナーが、新しい科学の創始にのりだす。その新しい科学は同時に、人間の定義、人間と世界とのかかわりの定義、そして人間と自己とのかかわりの定義の刷新を要求するものだった。このウィーナーの企てに、ベル研究所とMITのエンジニアであるクロード・シャノンが参加する。シャノンは、そのサンプリング定理や情報測定の業績によって電気通信の発展に貢献した人物である。その企てにはさらに、ハーヴァード大学の驚嘆すべき人類学者グレゴリー・ベイトソンも加わっている。第二次世界大戦中にアメリカの諜報機関のもとで東南アジアにおもむいた経歴をもつベイトソンは、洗練されたLSD愛好家にして、パロアルト学派の創設者である。あるいは稀代の人物ジョン・フォン・ノイマン。情報科学を設立したとされる「EDVACに関する報告第一草稿」の執筆者にしてゲーム理論の考案者、新自由主義経済への決定的な貢献者にしてソ連にたいする防衛的核攻撃の支持者であったノイマンは、日本への原爆投下の最適地点を決定したのちも、米軍や発足したばかりのCIAへの協力をおしまなかった。すなわち第二次世界大戦後、新しい通信手段および情報処理の開発に多大な貢献をなしたこれら人物たちこそが、「サイバネティクス」とウィーナーが呼ぶその「科学」の基礎を築いたのである。「サイバネティクス」という用語自体はその一世紀前、「統治学」にふさわしい名前としてアンドレ・マリ＝アンペールによって考案された。したがってこの統治の技法は創設にいたる経緯がほとんど忘却されながらも概念としてはひそかに浸透していたのであり、それは地球上にケーブルがつぎつぎにはりめぐらされていくのにあわせて拡大していく。そのケーブルを循環するのは生物学、人工知能、マネジメント、認知科学といっしょくたになった情報科学である。

二〇〇八年以降、われわれが生きているのは「経済危機」の突発という不測の事態ではない。**統治の技法**としての経済学が徐々に破綻するさまをまのあたりにしているだけである。経済は現実であったためしも科学であったためしもない。経済は十七世紀に人口統治の技術としていきなり生みだされた。暴動を回避するためには飢饉を回避する必要があった。そこで「穀物」の問題が重要性をおびてくる。また、君主の権勢を強化するために富を生産しなければならない。「いかなる統治であれ、そのもっとも確実な方法は、人々の利益を基盤とすることである」とハミルトンは述べている。経済の「自然な」諸法則が解明されると、統治が意味するようになるのは、その予定調和的なメカニズムを作動するにまかせ、人々の利益をあやつって人々を動かすことである。調和、行動の予測可能性、晴れやかな未来、行為者の合理性という想定。これらはすべてある種の信用を、「信用する／信用貸しする」能力を前提としている。ところで、旧来からのそうした統治実践の基盤を粉砕するものこそ、永続的な危機による管理にほかならない。われわれは大規模な「信用危機」を生きているのではない。統治にとって余計なものになった信用の**終わり**を生きているのである。管理と透明性が支配するのはこの地点であり、諸主体のふるまいは、つつぬけの大量の情報のアルゴリズム処理によってリアルタイムで先取りされる。主体を信用する必要もないし、主体が信用する必要もない。監視が行きとどいていれば充分である。「信用はよいが、管理はもっとよい」とレーニンもいうように。

西洋の知識・言語・理性・主体・自由主義にたいする西洋みずからの信用危機、世界にたいする西洋の信用危機、つまりは西洋の西洋自身にたいする信用危機がある。十九世紀にはじまるこの信用危機は、第一次世界大戦とともに、その大戦をめぐって、あらゆる領域であらわになる。サイバネティクスはその近代の傷口をふさぐようにして発展していった。サイバネティクスは、西洋における実存の——したがってまた統治の——危機への特効薬として重視されていったのである。ウィーナーによれば、「われわれは死を定められた惑星上の遭難者である。[……] 遭難のさなかにあって、人間的な規則や価値までもが消滅するとはかぎらない。状況を最大限利用せねばならない。われわれは波にのみ込まれてしまうだろうが、それこそわれわれの偉大さにふさわしい流儀だといまから思えるようにしておくべきである」。サイバネティクスによる統治は黙示録的な性質のものである。その統治の目的は、カオスやエントロピーをひきおこす自然発生的な世界の変動を局所だけにくいとめ、透明で統制可能な情報の制約なき流通によって「点在する秩序」を、安定性を、そしてあわよくば、システムの永続的な自己調整を保証することである。「コミュニケーションは社会のセメントというべきものであり、われわれの文明が永続するか崩壊するかは、何によっても阻害されないコミュニケーション回路の維持にたずさわる人々にかかっている」はずだとウィーナーは信じていた。過渡期なるものがすべてそうであるように、従来の経済的統治性からサイバネティクスへの移行も、歴史の開口部というべき不安定な段階をへねばならない。そこでは統治性**そのものが**失墜することもありえるのである。

二

一九八〇年代、グーグル創業者のひとりラリー・ペイジの師にあたるテリー・ウィノグラードと、サルバトール・アジェンデ政権の経済相であったフェルナンド・フローレスは、情報テクノロジーにおける「デザイン」についてこう述べている。「もっともすぐれたデザインは存在そのものにはたらきかける。それはわれわれの文化遺産の深奥に介入するものであり、われわれの存在様態に根底から影響をおよぼしつつ、われわれを既存の生活習慣の外につれだす。〔……〕それは必然的に再帰的かつ政治的なのである」。サイバネティクスについても同じことがいえる。表向きは、われわれはいまだに古くさい西洋の二元論的パラディグムによって統治されている。主体と世界、個人と社会、人間と機械、精神と身体、生者と死者というような。かかる区別は、常識の範疇ではなおも有効とみなされている。だがじつのところ、サイバネティクス資本主義はある存在論を実践している。存在論、つまりはある人類学を展開しているのであり、トップ経営者たちはその神髄をいちはやく体現している。利害関係にとらわれてどうあっても世界を統制したいとねがい、それによってかえって統治可能となる合理的な西洋的主体というのは、サイバネティクス的な存在概念を許容するものである。その存在概念とはすなわち、内面を欠いた自己なき自己《セルフレスセルフ》。外部や関係によって構成された、気候的で突発的な存在。アップル・ウォッチで武装し、自己を徹底的に外部から把握するにいたった存在。みずからのふるまいすべての統計にもとづいて自己を把握するにいたった存在。みずからの情動やみぶりのすべてを最適化するため、それらを必死になって管理し評価しようとする定量化された自己。最先端のサイバネティクスにとってはもはや、人間とその環境が存在するのではない。存在するのは、一連の情報複合システムに、自己組織化プロセスの中枢に内蔵された存在＝システムである。この存在＝システムを把握するためには、デカルトよりも、インド仏教でいわれる中道のほうが役立つだろう。「人間にとって生きるということは、コミュニケーションの巨大世界システムに参入することと同じである」。ウィーナーは一九四八年にそう主張していた。

　経済学が産業国家の一環として管理可能なホモ・エコノミクスを生みだしたように、サイバネティクスもまた独自の人間を生みだす。透明で、おのれを貫通するフローそのものによって空っぽにされ、情報によって帯電し、ひたすら増大する装置群によって世界とつながった人間である。テクノロジー環境から切りはなせない人間。なぜなら、人間はテクノロジー環境によって構成され、誘導されるのだから。統治の対象は、もはや人間でもその利益でもなく、人間の「社会環境」である。この「社会環境」のモデルとなっているのは「スマートシティ」である。なぜスマートかといえば、センサーから生みだされる情報は、リアルタイムの処理によって自己管理が可能だからである。また、スマートな住民を生産し、スマートな住民によって生産されるからである。経済学は、人間が自由に利益を追求するのを放任しておいて人間の支配をおこなってきた。サイバネティクスは、人間の自由なコミュニケーションを放任して管理をおこなう。最近MITのとある教授が簡潔に述べたように、「管理された枠内で、社会システムを再発明しなくてはならない」、ということである。

来たるべきメトロポリスのもっとも唖然とさせられる、しかしもっとも実現性の高いヴィジョンは、水道や電気や道路交通といったフローの管理のためのソフトウェアを自治体に売りつけるためにIBMが配布したパンフレットにしめされているのではない。むしろ、そうしたオーウェル的な都市のヴィジョンに一見「反して」拡大してきたヴィジョンである。それは、住民（すくなくともその中でももっともつながっている人々）が共同で産出する「スマーターシティ」である。MITの別の教授はカタルーニャに旅行したさい、その中心都市が徐々に「ファブシティ」となってきているのをまのあたりにして悦に入った。「ここバルセロナの中心部に身をおくと、新しい都市が発明されようとしているのがわかる。そこでは、やがて誰もが自由にアクセスできるようになるはずのツールによって、都市の完全な自律化がとげられるだろう」。市民はもはやサバルタンではなく**スマートピープル**である。そのひとりがいうように、スマートピープルとは、「アイディア、サービス、ソリューションの受信者にして発信者」である。かかるヴィジョンによれば、メトロポリスがスマートになるのは中央政府の決定と実行によってではない。住民たち「自身がみずからのデータをつくり、結びつけ、それに意味を与える新しい手段を発見する」とき、「自然発生的秩序」としてのスマートシティが忽然と姿をあらわすのである。そのようにして、あらゆる災害に耐えうる**レジリエントな**メトロポリスが出来するのだ、と。

ヒトとモノが完全につながった世界――自動車、冷蔵庫、腕時計、掃除機、ディルドが直結し、さらにそれらがインターネットにつながった世界――という未来派的な展望の背後にひそむものは何か。すでにそこにあるものである。すなわち、最高度の多目的性をそなえたセンサーである「わたし」が作動しているという現実である。「わたし」はわたしの位置情報を、気分や意見を、今日出くわした驚くべき出来事、あるいは驚くほどありきたりな話をシェアする。わたしは走った。わたしはただちに走路、タイム、成績、それらの自己評価をシェアした。わたしはひっきりなしに投稿する、長期休暇やパーティーでの写真を、暴動に加わった写真や同僚たちの写真を、これから食べるものやこれからセックスする相手の写真を。何もしていないようにみえて、データをやすみなく産出している。はたらいていようがいまいが、ストック情報としてのわたしの日常生活のすべてが評価の対象である。そしてわたしはアルゴリズムをたえまなく改良しつづける。

「ネットワーク状に拡散したセンサーのおかげで、われわれはみずからについて全知全能の神の視点を獲得するだろう。われわれははじめて、人間集合のふるまいの克明な地図を、その日常生活のレベルで作成できるようになったのである」。ＭＩＴの某教授はあつく語っている。データの巨大冷却タンクは、現行の統治にとっての食料品貯蔵庫である。つながった人間の日常生活によって産出され、不断に更新されるデータベースを漁る現代統治がもとめている相関関係というのは、普遍的法則を確立するためのものではないし、「なぜ」という問いに答えるものでさえもない。その相関関係は、「いつ」そして「何を」するかという時空間に位置づけられた予言を確定するためのものである。予測不可能なものを管理すること。統治不可能なものをもはや根絶するのではなく、統治すること。これこそサイバネティクスが標榜する野心にほかならない。サイバネティクス的統治において問われているのは、経済学の時代とは異なって、人々の行動を誘導すべく予測することだけではない。さらには潜在的なものに直接はたらきかけ、蓋然性を構造化することなのである。ロサンゼルス市警は、数年前から「Prepol」という新しいソフトウェアを装備しているが、それは、多数の犯罪統計にもとづき、地区や街路ごとにあれこれの犯罪がなされる蓋然性を計算するものである。リアルタイムで更新されるその蓋然性にもとづいて、ソフトウェアのほうが警官に都市のパトロールを命じる。一九四八年、サイバネティクスの父はル・モンド紙上でこう述べていた。「政界のお歴々やあいかわらずの政治機関が無能ぶりをさらけだしている今日、われわれはそれらの無能を、統治マシーンが埋め合わせをしてくれる日を夢見ることができる。その善悪を誰が知ろう?」いつの時代も次の時代の夢を見るものである、たとえその夢が次の時代にとって悪夢の現実となろうとも。

個人情報の大々的な収集は、全人口のひとりひとりを追跡するためではない。全人口のプライバシーに潜入するのは、各人個別のインデックスを作成するためというよりは、数によって意味をなす巨大な統計データベースを作成するためである。おびただしい「プロフィール」としての諸個人に共通する特性と、そこから発展する可能性のある事態と相関性をもとめるほうが安上がりなのである。個人という単位に関心がむかうのはただ、そのありうべき逃走線の特定に役立つ場合にのみである。プロフィールや「出来事」や潜在性を監視するほうが得策なのは、統計的な存在は逆らったりしないからであり、また、個人はすくなくともひとりの人間としては監視されてはいない、となおも言い張ることができるからである。サイバネティクスによる統治性がまったく新しい論理にもとづいてすでに作動しているにもかかわらず、諸主体は旧いパラディグムにのっとって自己を把握しつづけている。われわれは「個人の」データが「個人の」ものだと信じている、「個人」の車や靴がそうであるように。グーグル、フェイスブック、アップル、アマゾン、そして警察にアクセスされっぱなしになっておきながら、ただ「個人の自由」を行使しているにすぎない、と信じて疑わない。それを拒否する者がたちまち容疑者として、潜在的な逸脱者としてあつかわれるという即時的効果を生みだしているのがほかならぬ自分たちだと気づきもせずに。『デジタル新時代』は予言する。「間違いなく、テクノロジーの採用や使用に抵抗する人々は今後も存在するだろう。仮想上のプロフィールを作成せず、スマートフォンを持たない人々、オンラインデータのシステムに接触しようとさえしない人々はなおも存在するだろう。政府の側からすれば、こうしたすべてから離脱する人々を、何か秘匿しているのではないか、それゆえ法律にそむく可能性が高いのではないか、と疑うことができる。テロ防止策として、政府は『隠れた人々』のブラックリストを作成するだろう。どのソーシャルネットワーク上にもプロフィールがなく、携帯電話も契約しておらず、インターネット上での照合がはなはだ困難な者は、そのようなブラックリストに名をつらねるだろう。そして、空港における厳重な検査や場合によっては渡航制限をもふくむ、一連の特別規定が課されるだろう」。

三

それゆえ国家保安機関にとってみれば、フェイスブックのプロフィールのほうが、その背後に潜むとみなされる個人よりも**信頼できる**、ということになる。このことは、われわれがなおも区別して呼ぶところのヴァーチャルと現実のあいだの多孔性をはっきりとしめしている。じっさい、世界のデータ化が加速するにつれて、接続された世界と物質的な世界、サイバー空間と現実を分けて考えることはいよいよ妥当性を失っていくのである。「アンドロイドにGmail、グーグルマップにグーグル検索。これさ、われわれがつくっているのは。それなしでは生きていけない製品をつくっているんだ」。マウンテンビューの連中のくちぶりが目に浮かぶ。ところが、人間の日常生活にサイバー空間と接続した様々な装置が遍在する事態のせいで、数年前から、いくつかの本能的な条件反射が人間のあいだに見受けられるようになった。あるバーテンダーたちは、自分たちの店でグーグルグラスの使用を禁止した――もっともそのようにして店が現実に流行する《ブランシェ》（＝つながる）ようになるのだが。テクノロジー装置への依存をほどほどにし、現実世界の「本物の」経験を生き直すために、一時的に（週に一日、週末だけ、一ヶ月間）接続を断つことを推奨するイニシアチブがさかんになる。むろん、むなしい結果をまねくだけなのはあきらかである。スマートフォンなしで家族と一緒に過ごす海辺でのすてきな週末は、なによりもまず**接**

続を断った経験として生きられる。そこでは再接続とインターネット上での共有の瞬間がすでに先取りされているのである。

だが、世界にたいする西洋的人間の抽象的関係――入り組んだ装置群のうちに、ヴァーチャルな再生産の領域全体のうちに客体化された――からはいずれ逆説的に、現前へとむかう道程がふたたびひらけてくるだろう。万物から切りはなされたわれわれは、切断それ自体からも切りはなされるだろう。テクノロジーによって滅多打ちにされたわれわれは最終的に、ピクセルをとっぱらったありのままのスイカズラの存在に感動する能力を回復するだろう。感覚的世界の比類なき玉虫色の輝きを、そこにあるものにたいする驚嘆を回復するためにはかえって、われわれと世界のあいだにありとあらゆるスクリーンが介在する必要があるのだろう。友情にたいする古来のセンスを再発見するためには、われわれにまるで関係のない数百人の「友達」が、われわれをいっそう滑稽な存在にするために、フェイスブック上で「いいね！」をクリックする必要があるのだろう。

コンピュータを人間と対等の存在にするという企図の挫折があったからこそ、むしろ人間の経験のほうを貧困化するという目論見が進行してきたのである――生の魅惑が、そのデジタルモデル化と見分けがつかなくなるほどまでに。ソーシャルメディア上の存在を好ましいと思わせるためには、人間の砂漠が構想され、創出されなければならなかった。リビングにいながら有料のホログラムをとおして世界をへめぐる観光客という存在が想像可能となるためには、それ以前に、旅人という存在が観光客に取ってかわられなくてはならなかったように。だが、わずかなりとも真の経験がありさえすれば、この悲惨なまやかしは砕け散ってしまうだろう。**最終的にサイバネティクスを打倒するのは、サイバネティクス自体の悲惨である。**極度に個人化され、はじめて経験する社会性がソーシャルメディアの社会性であった世代にとって、二〇一二年ケベックの学生ストライキはなによりもまず、ともに歩きはじめるという単純な行為にそなわる蜂起的力能のめざましい発現であった。かつてない出逢いから生まれた蜂起的友情は、警察の隊列にひるむことなく衝突するほどだった。警察の待ち伏せと囲い込みの作戦はなにほどでもなかった。逆にそれは、共にあることを噛みしめるもうひとつの流儀となったのである。「自己の終焉は現前の創生となるだろう」とジョルジョ・チェザラーノが『生存マニュアル』で結論づけたように。

ハッカーたちの美点は、仮想とされる世界の物質性から出発するところにあった。シリアの人々が国家によるインターネット通信の統制をかいくぐる手助けをしたことで一躍有名になったハッカー集団Telecomixのひとりがいうように、ハッカーが時代の先駆であるのは、ハッカーが「この新しい道具(インターネットのこと)を隔絶した仮想世界としてではなく、物理的現実の延長ととらえたから」である。このことは、いまやハッカーの運動がスクリーンをこえて構想され、ソフトウェアのみならず様々なハイテク品の分析や制作や修復にたずさわる「ハッカースペース」を開設するにいたっている状況をみるにつけいよいよあきらかである。ＤＩＹの拡大とネットワーク化はそれなりの主張をともなっている。事物、街路、都市、社会、さらには生活をいじくってやろう、という主張を。進歩主義の中毒患者たちのなかには、あわてそこに「共有」を基盤とする新しい経済の前提条件を、あろうことか、新たな文明の前提条件さえも看取しようとしたやつらもいる。ところが、現代資本主義経済にとってはすでに、旧産業の桎梏の外にある「創造行為」は評価の対象なのである。マネージャーたちは、イニシアチブの自由な発現をたすけ、才能や創造性や革新的プロジェクトを促進するばかりか、逸脱さえも奨励する。かれらはいう。「未来の企業は逸脱者を保護しなくてはならない。なぜなら変革をもたらし、未知なるものから合理性を生みだすことができるのは逸脱者だからである」。価値というのは今日、新しい機能性をそなえた商品にも、その望ましさや意味にももとめられない。商品が消費者に提供する体験のうちにもとめられるのである。ならば消費者に、創造プロセスの別の側への移行という究極の体験を提供しない手はないだろう。かかる展望において、ハッカースペースないし「ファブラボ〔あらゆるものの作成を目指すワークショップ〕」は、「消費者＝イノベーター」の「プロジェクト」が実現される「市場の新たな空間」として浮上するのである。サンフランシスコにある会社テクショップは、新たなスタイルのフィットネスクラブを展開しようとしている。会員は、年会費を支払うかわりに「プロジェクトを組み立て、創造し、展開するために毎週通う」きまりとなっている。

ＤＡＲＰＡ（国防高等研究計画局）の「サイバー・ファースト・トラック」なるプログラムの一環として、米軍がハッカースペースがらみの場所に資金提供しているからといって、ハッカースペース自体に非があるわけではない。「メイカー（Maker）」の運動にハッカースペースが取り込まれたからといって、皆で工業製品の製造や修復をしたり、別の使用法への転用を試みたりするそのスペースが、資本主義的生産プロセスの何度目かの再編といった性質をおびるわけではない。「オープンソース・エコロジー」が村づくりキットとして提供する自作用の住宅組立ユニットや五〇にのぼる組立式の機械――トラクターやフライス盤やコンクリートミキサー等々――は、グループの現在の教祖の夢想に反して、「現代のあらゆる快適さをそなえた小文明」を打ち立てるために用いられるとはかぎらないし、「完全な経済」やら「金融システム」やら「新しい統治」やらの創出とは別の用途を得るかもしれない。建物の屋上や工業地帯にひらかれた都市農業も、ことによってはデトロイトの一三〇〇におよぶコミュニティガーデンのように、経済再生や「荒廃区域のレジリアンス」への参画以外の野望をいだくかもしれない。アノニマス／LulzSecが展開しているような、警察や銀行、多国籍警備会社や国際通信会社にたいする攻撃は、サイバースペースの外に溢れだすはずである。あるウクライナ人ハッカーがいうように、「自分の生に注意しなきゃいけないとなると、３Ｄで何かを印刷するなんてすぐにやめてしまうよ。別の計画をみつけなきゃいけないのさ」。

四

ここで今日の革命運動の盲点となっているかの有名な「技術の問題」がもちあがってくる。いまではほとんど顧みられないある人物は、フランスという国の悲劇をこう記述している。「全体として技術にとり憑かれたテクノフィリアなエリートに支配された、全体としてテクノフォビアな国」。言明はかならずしもフランスに該当するとはかぎらないが、ラディカルの業界についてならあてはまる。マルクス主義者とポストマルクス主義者の大部分は、ヘゲモニー指向的な遺伝的特性に加えて、いわゆる「人間を解放する技術」への執着をあわせもっている。他方で、アナキストとポストアナキストの大部分は、少数派の立場、それも抑圧された少数派の立場を苦もなく甘受しつつ、「技術」にたいしてはおよそ敵対的な立場をとる。これらの傾向にはそれぞれのカリカチュアさえ存在する。たとえば、サイボーグの支持者であり、つながったマルチチュードによる電子革命を標榜するネグリ派にたいしては反産業《アンチ・アンデュストリエル》派が応戦するだろう。進歩や「技術文明の災厄」への批判を主眼とするこの反産業派は結局のところ、その批判をそこそこ実入りのよい一文学ジャンルにすることで、革命の可能性をなんら検討せずともぬくぬくとしていられるニッチなイデオロギーを形成している。つまり、テクノフィリアとテクノフォビアは、**ひとつの総称として**の技術なるものが存在する、という嘘を介した悪魔的カップルを形成しているのである。

人間存在において、技術と技術以外のものを区別できるとでもいうのだろうか。もちろんできない。人間の子供がどれほど未熟な状態で生まれてくるか、この世界で体をうごかしたり話をしたりできるようになるまでにどれほどの時間がかかるのかを想えば、世界にたいする子供の関係がなんら所与ではなく、たいへんな習熟の成果だと気づくだろう。世界にたいする人間の関係は、本能的な適応といった性質のものではなく、本質的に人工的なもの、古代ギリシャ的な意味での**テクニック**なのである。どんな人間的世界も、諸技術——料理、建築、音楽、精神、情報、農業、性愛、戦争などなど——の特定の布置としてある。したがって、総称としての人類の本質などというものは存在しない。というのも存在するのは個々の技術だけであり、しかも技術それぞれが独自の世界の布置をかたちづくり、それによって世界にたいする特定の関係、特定の**生の形態**が具現されるからである。それゆえわれわれは生の形態を「構築する」のではない。われわれはただ、手本や訓練や実習をつうじて技術と混ざり合うしかない。だから、われわれにとってなじみ深い世界は「技術」として目に映ることがめったにないのである。その世界を構成している諸々の技巧はすでにわれわれ自身の一部をなしている。逆に、われわれにとって未知の諸世界ならば、奇妙で人工的だと感じるだろう。したがって、われわれが生きている世界の技術的性格があらわになるのは、発明ないし「故障」の場合だけである。われわれがなんらかの発見に立ち会うとき、あるいは、なじみ深い要素が欠如するかそこなわれるかして機能不全をきたすときにのみ、自然な世界に生きているという錯覚は、それと真逆の自明性を前に瓦解するのである。

技術とは、総称としての人類が、みずからの本質になんら影響をこうむることなくあつかえる道具の集合などではない。どんな道具も、世界にたいする特定の関係を具体的に形成し、それをあつかう者に作用をおよぼすものである。そのようにしてつくりあげられる諸世界はたがいに等価ではない。それらに住まう人間も等価ではない。だからといってそれらのあいだにヒエラルキーは存在しない。ある諸世界がほかよりも「先進的」だと証明するものはなにもない。諸世界はたんに異なっているだけであり、それぞれが固有の生成と歴史をひめているのである。様々な技術の分類を可能とするような暗黙の基準を持ち込まないかぎり、諸世界の階層化はありえない。たとえば、進歩が語られるさいには技術の数量化された生産性ばかりが基準となる。そして技術それぞれが感覚世界として生成させるものも、倫理としてもたらすものもことごとくかえりみられない。だから進歩といえば資本主義的な進歩以外にはないのだし、だから資本主義は諸世界を破壊しつづけるのである。また、マルクスの信念に反して、技術が諸々の世界と諸々の生の形態を生みだすからといって、人間の本質が生産だということにはならない。テクノフィリアとテクノフォビアがともにとらえそこねているもの、それは、各技術にそなわる

倫理的な性質なのである。

付言しておこう。この時代が悪夢そのものであるのは、この時代が「技術の時代」だからではなく、**テクノロジーの時代**と呼ぶにふさわしいからである。テクノロジーとは諸技術の成就などではない。むしろ、人間からその様々な構成的技術を接収してしまうものである。テクノロジーとはこのうえなく**効率のよい**諸技術の**システム化**であり、それゆえ個々の技術がくりひろげる諸世界や、世界にたいする諸関係の平準化にほかならない。テクノ＝ロギアとは、**物質的現実に投じられつづける技術をめぐる言説**である。祝祭のイデオロギーが現実の祝祭の消滅であり、出会いのイデオロギーが出会いの不可能性そのものであるように、テクノロジーとは特異なる諸技術すべての無力化にほかならない。かかる意味において、資本主義は本質的にテクノロジー的である。つまり資本主義とは、もっとも生産性の高い諸技術をひとつのシステムとして組織することによって収益を引き出すものなのである。その中心的形象はエコノミストではなくエンジニアである。技術の専門家であるエンジニアは、技術の接収をとりしきりながら、技術による影響はいっさいまぬかれつつ、世界におけるみずからの不在をいたるところに波及させる。エンジニアという形象は奴隷的で物悲しい。資本主義と社会主義が連帯するのはこのエンジニアの崇拝においてである。新古典派経済学の理論上のモデルを構想したのも、現代のトレーディングソフトをつくったのもエンジニアたちである。ブレジネフがひけらかしていた肩書がウクライナの冶金産業のエンジニアというものであったことを想いおこそう。

　エンジニアの形象にことごとく対立しているのはハッカーの形象である――ハッカーの形象を無力化させる芸術家きどりの、警察まがいの、企業家もどきの試みがいかなるものであるにせよ。万事をより円滑に機能させ、システムに奉仕させるべく、機能するものすべてをエンジニアが捕獲しようとする場所で、ハッカーはこう自問するのである。「これはどう作動しているのか？」その欠陥を見抜くためばかりではなく、別の用法を案出し、実験してみるために。ここでいう実験とは、あれこれの技術が**倫理の平面で**内包しているものを生きてみるということである。ハッカーは、テクノロジーのシステムから技術を解放すべく、その奪還にとりかかる。われわれがテクノロジーの奴隷であるのは、われわれが日常生活上の一連の人工物を典型的な「技術」とみなしながら、それらの動作原理や内部構造をいつまでたっても理解しない、ブラックボックスの能天気なユーザーだからにほかならない。ＣＩＡを攻撃するためにコンピュータを使用することは、天文学が望遠鏡の科学ではないのと同様、サイバネティクスがコンピュータの科学ではないことをはっきりと物語っている。われわれの身のまわりにあるどんな装置であれ、その機能を理解するなら、われわれの力能は即座に増大するのであり、もはや環境としてではなく、なんらかの仕方で配置された一世界として立ちあらわれるそれを把握《プリーズ》し、それに介入できるようになる。ハッカーの世界観とはこうしたものである。

ここ数年でハッカー界はいくぶん政治的に洗練されたおかげで、友と敵をはっきり見分けられるようになった。ハッカーの革命派への生成はしかしながら、いくつもの深刻な障壁にぶつかっている。一九八六年にドクター・クラッシュはこう語った。「きみが知っていようがいまいが、きみがハッカーならきみは革命派である。心配するな、きみは間違ってはいない」。かかるイノセンスがなおも通用するかどうか定かではない。ハッカー界は「情報の自由」や「ネットの自由」や「個人の自由」をもってすれば、それらの統制をはかるやつらと闘えると信じているが、かれらの先天的な幻想というべき重大な誤りである。**自由と監視は統治の同じパラディグムに属している**。管理の手続きのはてしない拡張は、個人の自由を**介して**実現される権力形態の必然的な歴史的帰結なのである。

自由主義的統治というのは、主体＝臣民の身体に直接行使されるものではないし、主体＝臣民の服従を前提とするものでもない。自由主義的統治とは後景にしりぞいた権力である。空間の配置としてあらわれる権力であり、身体よりはむしろ利害を支配しようとする権力である。不断の監視をゆきわたらせ、働きかけを最小限にとどめる権力であり、**限界**が脅かされるさいに**行き過ぎた**人々にたいしてのみ介入する権力である。統治されるのは大衆としての自由な主体のみである。個人の自由は、統治に抗する旗幟とはならない。なぜなら個人の自由こそはまさしく統治が依拠するメカニズムだからである。統治は個人の自由というメカニズムを可能なかぎり巧妙に調整し、自由な個人たちの集合から予想どおりの大衆的効果をみちびきだす。「混乱カラ秩序へ」。統治とは、「おなかが空いたら食べ、寒くなったら着込むように」服従させる秩序なのであり、わたしが幸福をもとめ、「表現の自由」を行使するまさにその瞬間に、わたしが共同でつくりだす隷従なのである。「市場の自由は、能動的かつきわめて用心深い政治を必要とする」と新自由主義の創始者のひとりは明言している。**個人の自由とは監視された自由にほかならない**。このことは、幼稚なリバタリアンにはけっして理解できないだろう。そしてこの無理解によってこそ、リバタリアニズムという愚行にハッカーの一部が魅了されてしまうのである。

　真に自由である存在については自由であるとさえいわれない。かれはたんに**あり**、実存し、おのれの存在にしたがって力をくりひろげる。ある動物が**自由な状態にある**といわれるのは、その動物がすでに檻のなかで完全に管理され、文明化された環境のなかを自由に動き回っている場合のみである。人間の規則がしきつめられた公園でこそ、サファリを存分に楽しむことができる。英語の「friend」と「free」、ドイツ語の「Freund」と「frei」はいずれも同じ印欧語の語源をもつが、その語源にあるのは、成長する共なる力能という理念である。自由であること、結ばれていること。それらは同じことなのである。わたしが自由であるのは**わたしが結ばれているから**、わたしよりも巨大な現実にわたしが属しているからにほかならない。古代ローマにおいて、市民の子弟は「自由民《リベリ》」であった。この自由民をつうじて発展していったのが古代ローマである。「自分がしたいようにする」式の個人の自由がどれほどばかげたいかさまかがわかるだろう。ハッカーたちは本気で統治に立ち向かいたいのであれば、自由へのかかるフェティシズムを断念せねばならない。個人の自由という大義はかれらにとって、一連の攻撃だけにとどまらない、真の戦略を展開する力をそなえた諸集団を構成するさまたげとなっているし、その大義のせいで、自分たち以外のものと結びつくことができず、歴史的な勢力へと生成できないのである。「Telecomix のあるメンバーが仲間たちにこう忠告している。「たしかなことは、きみたちが生きている領土は、ある人々によって防衛されているということだ。きみたちはかれらに会いにいくべきだろう。かれらは世界を変えていて、かれらはきみたちを待たないだろうから」。

カオス・コンピュータ・クラブの集会が開かれるたびに露呈する、ハッカーの運動にとってのもうひとつの困難は、よりよい統治のため、それどころか統治**それ自体**のために尽力する人々と、その解体に尽力する人々のあいだに、運動内で戦線を引くことである。**どちらの側につくのか**、はっきりさせるべき時は来ている。ジュリアン・アサンジは以下のように発言するさいにそうした最重要の問いを回避している。「ハイテク労働者たるわれわれはひとつの階級であり、いまやそのようなものとして自己認識すべき時である」。フランスは最近その欠点につけこんで「エシカル・ハッカー」を育成する大学を開設した。ＤＣＲＩ（国内情報中央局）によって進められたその開設の目的は、**ハッカーの倫理**を手放していない本物のハッカーたちと戦う要員の育成である。

これらふたつの問題は、われわれをとりわけ感動させたあるひとつの事例において結びついている。アノニマス／LulzSec のハッカーたちの事例であり、かれらは多くの人々から喝采をあびた幾多の攻撃ののち、逮捕時のジェレミー・ハモンドがそうだったように、弾圧にたいしてほぼ孤立無援の状態にあった。二〇一一年のクリスマスに LulzSec は「民間諜報」の多国籍企業であるストラトフォーのサイトを汚損してみせた。トップページのかわりに『来たるべき蜂起』英語版のテクストが次々にあらわれ、ストラトフォーの顧客の口座から一連の慈善団体に七〇万ドルが送金されたのである——クリスマス・プレゼントとして。だがわれわれのほうは、かれらの逮捕の前も後もなにもしてやれなかった。作戦の遂行は単独ないし少人数でのほうが安全ではあるだろう。だが、そのような標的を攻撃する場合には、少人数だからといってスパイから身を守れるわけではない。ともあれ、われわれの党による世界的な行動をみごとにやってのけたかくも政治的な攻撃の数々が、警察によって数十年の禁固刑として処罰されるなにかしらの私的犯罪としてまとめられ、あれこれの「インターネット海賊」を統治の犬《エージェント》へと転向させるための圧力手段として利用されようとは、破局としかいいようがない。

Istanbul, juin 2013

あとをくらませ

一

二〇〇八年十二月の日々をアテネで生きた者はみな、西洋のメトロポリスにおいて「蜂起」という語が何を意味するのかをはっきりとわかっている。銀行は粉砕され、警察署は包囲されて、都市は攻略者たちのなすがままになっていた。高級品店はショーウィンドーの修復を諦めねばならなかった。さもなければ毎朝修復するはめになっただろう。それまで平常どおりの日々というポリス的支配を具現していたいかなるものも、押し寄せる炎と石つぶての大波——いたるところに石つぶてとモロトフを携えた人々がいて、どこにも代表者などいない——を受けて無傷ではありえなかった。シンタグマ広場のクリスマスツリーさえも燃やされてしまった。ある地点でみられた治安部隊の撤退は、催涙弾を使い果たしてしまったためだった。そのとき路上を誰が占拠していたのか、そのような問いに答えるのは不可能である。それは「六〇〇ユーロ世代」である、「高校生」あるいは「アナキスト」である、さもなければアルバニア系移民から出た「社会の屑ども」だろう。あることないことなんでも語られる。マスコミはいつものように「覆面をした連中」のせいにした。もっとも、アナキストが正体不明の怒りの波に追い抜かれてしまっていたのも事実である。気のきいたタグからモロトフまで、アナキストの専売特許というべき無許可の覆面アクションを、人々は遠慮なく自分たちのものにした。もはやアナキストたちが夢にさえみなくなっていた一斉蜂起が現出していたが、それはかれらが考える一斉蜂起とは似ても似つかなかった。未知なる実体、**類魂**《エグリゴル》が現出していたのであり、それは、灰燼に帰すべきものすべてが灰燼に帰するまで鎮まらなかった。時間は燃えていた。われわれから剥奪されてきた未来のすべての報復として、現在時をこじあけていたのである。

その後のギリシャでの年月がわれわれに教えているのは、西洋の国において「対蜂起」という語の意味するところである。波は引いたが、国のごく小さな村々においても結成された数百にのぼる徒党団は、十二月がきりひらいた突破口に忠実であろうとした。こちらではスーパーマーケットのレジからごっそり金を奪い、盗んだ金を燃やすところをみずから撮影する。あちらでは自国の警察に拘束されている友人の誰それとの連帯として、白昼堂々ある大使館を襲撃する。一九七〇年代のイタリアにおけるように、高次の標的への攻撃を決意し、爆弾や火器をたずさえ、省庁やポリ、アテネ証券取引所やマイクロソフト社本部を狙った者たちも出てきた。そして一九七〇年代と同様、やはり左翼政権は「テロ対策」新法を発布した。警察による急襲、逮捕、起訴が横行するようになって、しばらくは反「弾圧」闘争を余儀なくされる。EU、世界銀行、IMFは、社会主義政権と合意のうえで、ギリシャにこの許しがたい反乱の**代償を支払わせ**にかかる。貧者の思いあがりにたいする金持ちのルサンチマンをみくびってはならない。反乱の暴力とほぼ同じくらい呵責のない一連の「経済」措置――それが順々とくりだされるのである――によって一国全体をくびきにつなぐという決定がなされたのだった。

これにたいして、組合の呼びかけによって数十回ものゼネストが打たれた。労働者らは省庁を、住民らは市町村の役所を占拠し、「犠牲になった」大学諸学科や病院が自主管理の組織化を決定する。そこには「広場の運動」があった。二〇一〇年五月五日、アテネの中心地を闊歩するわれわれは五〇万人にのぼり、幾度となく国会の焼き討ちがこころみられた。そして二〇一二年二月一二日には、何度目かの緊縮財政案にたいして何度目かのゼネストが敢行された。日曜であったその日はまさしくギリシャ全体が、ギリシャの年金生活者、アナキスト、公務員、労働者、ホームレスが、ほとんど蜂起の状態で、街中をうろつきまわったのである。その夜、アテネの中心街がふたたび炎に包まれたとき、歓喜と疲労は絶頂に達していた。運動はみずからの力能のすべてを感得してはいたが、その力能を何に用いればよいかわからないということも承知していた。数千の直接行動、数百の占拠、路上の数百万のギリシャ人にもかかわらず、反乱の陶酔は時をへるごとに「危機」の名で呼ばれる安酒屋で消沈していったのである。むろん灰の下で熱情はなおもくすぶっている。運動は別の形態をみいだした。協同組合やソーシャルセンター、「直接取引ネットワーク」、さらには自主管理の工場やケアセンターをそなえるようになった。ある意味で運動はより「建設的に」なった。にもかかわらず、われわれは敗北したのである。ここ数十年でわれわれの党がくりだした最大級の攻撃に数えられるものが、借金によって、法外な懲役刑によって、全般的な破産状態によって押し返されてしまった。ギリシャ人たちにとって、かれらをぎりぎりまで**窮乏**させようとする対蜂起の側の情け容赦のない報復は、なまじっかなことでは忘れられるものではない。一時は権力がぐらつき、蒸発したかのようにも思われた。だが権力は戦闘領域を移しかえ、運動の不意をつくやり方を心得ていた。ギリシャ人たちは「統治かカオスか」という脅しの前に立たされた。そしてかれらは統治とカオスを**両方とも**受け入れさせられたのである。貧困はいわばそれらに付属の景品だった。

　アナキスト運動がほかのどこよりも強力で、統治それ自体にたいする根強い反発を共有する人民がおり、国家機構がつねにすでに破綻しているがゆえにこそ、ギリシャはわれわれの蜂起の教訓とすべき敗北の事例である。警察を壊滅状態に追いやり、銀行をぶっ壊して政府を一時的に潰走させること、それだけではまだ統治を脱構成することにはならない。ギリシャの事例がわれわれに教えてくれているのは、真の勝利とはいかなるものかという具体的な理念なしには、われわれは敗北するしかない、ということである。蜂起の定義だけでは充分ではない。われわれはいまだ五里霧中というべき混乱のさなかで立ち往生している。われわれの敗北の吟味が、いささかなりとも視界をひらいてくれることをねがう。

四〇年にわたって西洋で圧倒的勝利を誇っている反革命は、ふたつで一対の宿痾をわれわれに背負わせてきた。それらはどちらも有害なのだが、組み合わされることで残酷な装置となっている。平和主義とラディカリズムである。

平和主義というのは、公開討論や全体集会を、政治的実践のアルファにしてオメガとすることで、自他をともに瞞着している。この平和主義のせいで、たとえば広場の運動は超えられない出発点以外の何ものにも生成することができなくなってしまった。政治的なものの意味をたずねるには、もう一度ギリシャを経由するしかない。ただし今度は古代ギリシャである。結局は、政治的なものを発明したのは古代ギリシャなのだから。平和主義者はみないふりをするが、古代ギリシャ人は政治的なものを、別の手段による戦争の継続として一挙に発案したのである。都市国家を規模とする集会の実践は、戦士たちの集会の慣行を直接の起源としている。発言の平等は、死を前にした平等に由来している。アテネの民主主義は重装歩兵の民主主義である。**そこでは兵士であるがゆえに**市民なのである。だから女や奴隷はそこから排除される。古代ギリシャのような呵責のない戦闘的文化においては、討論もまた戦士の対決のモメントのひとつとして理解されていた。ただし討論のほうは説得を武器として、発言の領域でなされる市民同士の対決である。そもそも「アゴーン」という語は「集会」と「競争」を同時に意味する。優秀なギリシャ市民とは、武器によっても言説によっても勝利する者のことなのである。

古代ギリシャ人はもっぱら集会民主主義を、**組織化された殺戮**としての戦争との組み合わせで、たがいがたがいを保証するものとして構想していた。集会民主主義の発明が古代ギリシャの功績として礼讃されるのは、その発明が、相当に異例の大量殺戮方式である密集隊形《ファランクス》による戦争――その戦列形式は、単独の武力や手腕の誇示、多岐にわたる才覚の発揮といった武勲を、純然たる規律に、各人の全体への絶対的服従におきかえるものである――の発明と密接につながっているという事実が隠蔽されているからである。かくも**効果的**、だが歩兵の生命を虫けら同然にあつかう戦争遂行の流儀をまのあたりにしたペルシャ人は、当然それを野蛮極まりないものとみなしたのであり、それにつづいて西洋の軍隊がけちらすことになる他の多くの敵も同様に考えた。密集隊形の最前列で、仲間たちの目のまえで壮絶に討死していくアテネの農民はしたがって、ポリスの評議会ブーレーに参加する能動的市民のもうひとつの顔である。古代の戦場をびっしりと埋め尽くした死体の動かない腕は、集会での審議で発言をもとめる挙手の不可欠な条件なのである。こうした戦争のギリシャモデルは西洋の想像力のうちにあまりにも深々と根をおろしている。だから、ファランクス同士が決戦にいたったさいには、負けをみとめず極限まで多くの死者を出したほうが栄光ある勝者だと重装歩兵が考えていたちょうどその頃、中国人はまさしく死者を出すのを回避し、あたうかぎり衝突を逃れて「戦わずして勝つ」——いったん勝利してしまえば敵軍の殲滅にとりかかったにせよ——のをよしとする戦争術を発案していたことがほとんど忘却されているのだろう。「戦争＝武力対決＝殺戮」という方程式は古代ギリシャから二〇世紀までつづいている。結局はそれが、二千五百年来変わらない西洋流の異常な戦争の定義にほかならない。「不正規戦争」、「心理戦争」、「小規模戦争」あるいは「ゲリラ戦」等々、西洋の外で**戦争のノルム**をなしているものをどう呼ぼうと、常軌を逸した西洋の戦争観の一側面をあらわすにすぎない。

きまじめな平和主義者というのはたんに、おのれの卑劣さを理性的に直視しない人間である。かれは自分が相手どって闘っているつもりの現象の本性について、二度もとりちがえをおかしている。戦争は、武力衝突にも殺戮にも還元されないばかりか、かれが讃美する集会政治の母体そのものなのである。孫子いわく「真の戦士は好戦的ではないし、真の闘士は暴力的ではない。真の勝者は交戦を回避する」。ふたつの世界大戦と「テロリズム」に向けて放たれた世界規模のおぞましい戦いからわれわれは知っているが、残虐きわまりない殲滅戦が仕掛けられるのは平和の名においてなのである。戦争の忌避とはつまるところ、他者の存在の幼稚な拒否、あるいはその年寄りじみた拒否しか表現してはいない。戦争とは虐殺などではない、異質な諸々の力能どうしの接触をつかさどるロジックなのである。かかる意味での戦争は、無数の形態をとって、たいていは穏当な手段によってあらゆる場面でおこなわれている。多種多様な諸世界が存在し、生の形態が厳然たる複数性に裏打ちされている以上、戦争とは大地における共存の法にほかならない。というのも、それらの出会いの顛末を予測させてくれるものはなにもないのだから。対立は、たがいに隔たったままの諸世界では生じない。われわれは、役割などという社会警察がのぞむような固定的アイデンティティをそなえた個人の集合ではない。われわれは、葛藤をはらんだ諸力の遊動なのであり、そこからあいついで浮上する布置はせいぜいつかのまの均衡状態をしめすにすぎない。そうである以上、戦争はわれわれのあいだに存在するということを徹底して認めなければならない――ルネ・ドーマルは「聖戦」と呼んでいた。平和など、可能でもなければのぞましくもない。戦争《コンフリ》は現存するものの素地そのものである。それでも戦争遂行の技法は獲得すべきものである。それは状況をじかに生きる技法、われわれならざるものを屈服させようとする意志であるというよりも、実存上の繊細さと機動性《モビリテ》を前提とする技法である。

したがって平和主義は底抜けの愚かさをしめしているか、さもなければ完全な自己欺瞞をしめすものである。免疫系にいたるまで、友と敵の区別にもとづかないものはない。その区別がなければ癌やその他のあらゆる自己免疫疾患に苦しめられるだろう。もっとも、われわれは現に癌やその他の自己免疫疾患で死にそうになっているのだが。対立を戦術的に拒否することそれ自体が戦略である。なぜオアハカのコミューンが即座にみずから和平宣言を出したのかよく理解できよう。問われていたのは戦争を反駁することではなく、メキシコ政府やその手下どもと軍事的に衝突して敗退するのを拒否することだったのである。カイロの同志たちが教えてくれているように、「われわれが『非暴力』を讃えながら行使している戦術と、非暴力のフェティッシュ化を混同してはならない」。そのうえ、あろうことか平和主義のお眼鏡にかなった先人たちが見出されようとは、いったいどれだけの歴史の歪曲がなされなければならないことか。哀れなソローについても事情は同じである。ソローが死の直後に『市民的不服従について』の理論家に仕立て上げられてしまったのは、『市民による統治への不服従』というかれのテクストの題名が一部削除されてしまうことによってである。ところがソローは『ジョン・ブラウン隊長の弁護』のなかではっきりとこう述べてはいなかったか。「シャープス銃とリボルバーはかつて一度だけ高貴な大義のために用いられたことがあるとわたしは思う。それらの道具は、あつかいを心得た人物の手ににぎられていた。かつて聖堂から好ましからぬやつらを追い払ったのとおなじ怒りがふたたびはたらいたのである。武器とはどのようなものかを知ることが問題なのではない。武器がいかなる精神のうちで用いられるかが問題なのである」。だが欺瞞の系譜学において滑稽の極致というべきは、アフリカ民族会議ANCの武装闘争組織の創設者であるネルソン・マンデラを、平和のグローバルな偶像に仕立て上げてしまったことであるにちがいない。マンデラみずからがこう語っている。「受動的な抵抗の時代は終わった、非暴力は実りなき戦略であり、いかなる対価を払ってでも権力を手放すまいとする白人マイノリティ体制を非暴力によって打倒することなどけっしてできない、そうわたしはいいました。暴力こそはアパルトヘイトを破壊しうる唯一の武器であり、近い将来、われわれはその武器を使用する覚悟を決めておかなければならない、そうわたしはいいました。群衆は興奮していました。とりわけ若者たちは拍手喝采していました。かれらはわたしがそういったそばから行動の準備ができていました。そのとき、わたしは自由の歌をうたいはじめました。『ここにわれわれの敵がいる。武器を取ってやっつけよう』というフレーズを。群衆があわせてうたいました。最後にわたしは警察を指さしていったのです、『見よ、ここにやつらが、われわれの敵がいる！』と」。

数十年におよぶ大衆の鎮定と恐怖の大衆化によって、平和主義は**市民**の本能的な政治意識となった。いまや運動のたびにこの嘆かわしい実状と争わねばならないほどである。黒服の叛徒たちを警察にひきわたす平和主義者ども。かかる光景が二〇一一年のカタルーニャ広場でみられたのだし、二〇〇一年のジェノヴァではやつらが「ブラックブロック」にリンチを加える光景さえあった。かかる事態に呼応して、革命派の側は抗体として**ラディカル**の形象を分泌していった。ラディカルというのはなにかにつけ市民の真逆をいく。市民における道徳的な暴力排除には、ラディカルにおけるたんなるイデオロギー上の暴力擁護が呼応している。平和主義者が世界の情勢からの放免をもとめて、いかなる悪事にも手を染めず善良でいつづけようとするのにたいして、ラディカルは頑迷な「立場表明」を護符とするちんけな非合法主義によって、「現状」への参与からきれいさっぱり放免されたがる。一方は暴力的な行動によって、他方はその放棄によって、両者はいずれも清廉潔白を希求しているのである。たがいがたがいにとっての悪夢である。平和主義者とラディカルというこれらの形象は、それぞれの根底に相手がみいだされるのであり、そうでなければ長く存続しうるかどうか定かではない。まるでラディカルはみずからの内なる平和主義者を戦慄させるためだけに存在しているかのようである。逆もまたしかり。一九七〇年代以降のアメリカ市民運動のバイブルがソウル・アリンスキーの『ラディカルのルール〈邦題『市民運動の組織論』〉』であるのも偶然ではない。なぜならそこでは平和主義者とラディカルが世界の同じ拒否において統合されているからである。両者はいかなる状況にあっても自分たちの外在性に**満足感をおぼえる**。やつらはその超然とした態度から得体のしれない優越感を引き出してくる。やつらは地球外生物として生きたがっている──メトロポリスでの生、やつらが後生大事にするビオトープがいましばらくはそっとしておいてくれるだろう自己満足とはそうしたものである。

一九七〇年代の潰走以来、ラディカリズムの**道徳上の**問いは少しずつ革命の**戦略の**問いにとってかわられていった。革命もまたここ数十年で他のあらゆるものと同じ運命をたどった。民営化されたのである。革命は個人的な自己評価の一機会となった。ラディカリズムがその評価基準である。「革命的」みぶりはもはや、それが刻みつけられる状況や、それによって開かれたり閉ざされたりする可能性にもとづいては評価されない。むしろどれもが一個の**形式**へと抽象化されていった。たとえば、特定の機会に特定の仕方で特定の理由からなされる特定のサボタージュは、たんなる**任意の**サボタージュになる。そしてサボタージュは折り紙つきの革命的実践として、モロトフの投擲が投石よりも上級とみなされ、狙撃がそのモロトフ投擲を凌駕し、爆弾がすべての頂点に立つといった序列のうちにそつなく位置づけられるのである。悲惨としかいいようがない、なぜならいかなる行為形態であれ、それ自体では革命的ではないのだから。サボタージュは改良主義者やナチスによっても実践されてきた。運動の「暴力」がどれだけ烈しくとも、なんら決然たる革命的態度をしめすものではない。デモの「ラディカリズム」は破壊されたショーウィンドーの数でははかれない。あるいはそうかもしれないが、だとすればラディカルかどうかを判定する基準など、政治的事象を**尺度にあてはめ**、やせこけた精神的序列のうちに順位をつけなければ気がすまないやつらの勝手にさせておくしかない。

ラディカルの業界に出入りするようになって誰もがまず驚かされるのは、かれらの言説と実践の断絶、野心と孤立の断絶があたりまえになっていることである。かれらは永久にある種の自沈を運命づけられているようにみえる。すぐに了解されることだが、かれらは革命的な力を現実として構築するのに忙しいのではなく、ラディカリズムの競い合いをつづけていくのに手いっぱいなのである。自己満足的なその競い合いは、直接行動の分野でも、フェミニズムの分野でも、エコロジーの分野でも同様におこなわれる。その業界にみなぎるちっぽけな恐怖政治は皆をとても**こわばらせている**が、ボルシェビキ党の恐怖政治とは異質である。ラディカルの恐怖政治はむしろファッションのそれであり、個人としては誰も行使しないが、皆に影響をおよぼす恐怖政治なのである。自分はもうラディカルではないかもしれないというのがその業界の連中の気がかりの種であり、自分はもうクールで時流に乗った事情通ではないかもしれないというほかの場所での一般的な危惧となにも変わらない。ほんの些細なことでも名声を疵つけかねない。だから理論やデモや交流の皮相な消費を大事にして、ものごとの根源にむかうのを回避する。グループ内でもグループ間でもおこなわれる熾烈な競争は、やつらの内破を周期的に引き起こす決定要因となっている。みずみずしい若者の肉体にはことかかない。その肉体は、疲れ果て、痛めつけられ、気難しくなって**からっぽになったやつら**の脱退の埋め合わせにあてられる。かかるサークルを抜けた者は後になってめまいに襲われる。あれほど不可解な賭け金のために、身を削るようなあれほどの抑圧に同意するなどということがどうしてありえたのか、と。いわばそれは、過労に倒れてパン屋に転身した元マネージャーが、半生をふりかえった時におぼえるたぐいのめまいである。ラディカルの業界の孤立は構造上のものである。自分たちと世界のあいだに、やつらは基準としてのラディカリズムを据えてしまったからである。やつらはもはや事象というものを知覚せず、ただ自分たちの尺度だけを知覚する。自食作用がある地点まで進行すると、**業界それ自体の批判においてラディカリズムを競うよ**

うになるが、それで業界の構造が揺らぐことはない。「本当の意味で自由を奪い、イニシアチブを不可能にするのは、無力をもたらす孤立だとわれわれには思われる」とマラテスタは記している。その後、一部のアナキストが「ニヒリスト」として名乗りをあげるようになるが、当然のなりゆきである。ニヒリズムとは、なにはどうあれ信じられてきたものさえ信じられなくなった無力にほかならない。この場合、信じられなくなったものとは革命である。そもそもニヒリストなど存在しない。存在するのは無力な個人のみである。

ラディカルは、ラディカルな行動と言説の産出者として自己規定しておきながら、結局はひたすら量的な革命の理念をつくりあげてしまった――個人の反乱行為が過剰生産の危機に逢着するようなものである。すでにエミール・アンリは述べていた。「革命とはおそらく、個々のあらゆる反抗行為の合力としてのみ到来するだろうことを肝に銘じておこう」。歴史がこのテーゼを否定している。フランス革命であれロシア革命であれチュニジア革命であれ、革命というものはことごとく、ある特異な行為――監獄の襲撃、軍の敗退、果物行商人の自殺――と全般的状況のあいだを駆け抜けるショックの産物なのであり、個別の反乱行為の合算などではないのである。ともあれ、革命についてのそのようなばかげた定義がいかなる損害をもたらすかは察しがつく。なんの影響力もないアクティヴィズムで精根尽き果て、疲労困憊させるパフォーマンスにわれわれを忘れるのである。そのパフォーマンスなるものにおいては、あらゆる瞬間に、デモで、恋愛で、言説で、いまここで、ラディカルのアイデンティティを実現することが重視される。それもしばらくはつづく——バーンアウトと鬱と弾圧がつづくあいだは。そして結局はなにも変わらなかった。

みぶりの蓄積なるものは戦略の体裁をなしていない。状況から隔絶した無条件のみぶりなど存在しないからである。あるみぶりが革命的になるのは、それに固有の内容によってではなく、それが惹起する効果の連鎖によってである。行為の意味を決定するのは状況であって、行為者の意図ではない。孫子もいっている。「勝利を状況のうちにもとめよ」。あらゆる状況は混成的であり、顕在的か潜在的かを問わず、諸々の力線に、テンションに、抗争性につらぬかれている。**そこにある**戦争を引き受け、戦略的に行動するためには、状況にみずからをひらくことから出発して、状況を内在的に理解しなければならない。さらには、状況の布置を決定している力関係や、状況にダイナミズムをもたらしている諸々の極性を把握しなければならない。ある行動が革命的であるか否かを決するのは、それが世界との接触においてもつ意味のみである。一個の石を投げることはたんに「石を投げること」ではけっしてありえない。投石が状況を冷ましてしまうこともあるし、インティファーダを始動させることもある。ラディカルだとされる実践や言説のがらくた一式を注入すれば闘争を「ラディカル化」できるという発想は、大地をはなれて宙をただようやつらの政治を如実に物語るものである。運動というのは、時間の流れとともに徐々に生みだされる一連の移行をつうじてしか存続しえない。それゆえつねに、現在の状態とそのポテンシャルのあいだには、一定の落差がある。運動が遊動をやめてしまったり、みずからのポテンシャルを実現させないまま放置するならば、その運動は風前の灯火だということである。決定的なみぶりとは、運動の状態に先んじてひとつの刻み目を入れるみぶりのことであり、そのようにして現状からの断裂をつくりだし、運動をそれ固有のポテンシャルへと開放するみぶりのことである。それは占拠や破壊や襲撃のみぶりかもしれないし、あるいはたんに本音を話すというみぶりであるかもしれない。それを決めるのは運動の状態である。**現に革命を引き起こすみぶりこそ革命的なのである**。だから事後的な決定にゆだねるほかはないが、状況をめぐるある種の感受性を歴史の知識によって涵養するなら、そうしたみぶりへの直観はおおいに研ぎ澄まされるだろう。

つまりラディカリズムなど、鬱病者やヤングガールや負け犬たちの勝手にさせておけばよい。革命派にとって真の問題は、みずからが参与する力能を生き生きと拡充させることであり、ひとつの革命的**状況**に到達するために、革命的なるものへの生成をうながすことである。「ラディカル」を「市民」に、「積極的な反逆者」を受動的な人口に対立させていい気になっているやつらは皆そのような生成を堰き止めている。この点において、やつらは警察の仕事を先取りしているのである。この時代において革命派の主要な美徳とみなすべきなのは機転《タクト》であって、抽象的なラディカリズムなどではない。ここでいう

「機転」をわれわれは、革命的なるものへの生成をうながす技法として理解している。

ヴァッレ・ディ・スーザの闘争がもたらした数々の奇蹟のひとつに数え入れるべきなのは、その闘争が多くのラディカルたちを、かれらがやっとの思いでつくりあげたアイデンティティから引きはなしえたことだった。ラディカルたちはその闘争によって地上に帰還したのである。現実の状況に接することで、かれらはそれまで身動きのさまたげとなっていたイデオロギーの宇宙服をおおかた脱ぎ捨てることができるようになった。ただしそのおかげでかれらは幾分かは、あまりにも空気の希薄なラディカリズムの星間に閉じこもったやつらの尽きせぬルサンチマンを買うはめになったけれども。とまれ、その奇蹟はまちがいなく、権力が闘争の封じ込めをはかって呈示してくるイメージにけっして捕獲されないよう、運動が慎重に展開した特別な技法によるものである。遵法主義的市民によるエコロジー運動だとか、前衛による武装闘争だとかいった権力側がさしだしてくるイメージにたいしては、家族づれの穏やかなデモとTAVの建設現場への攻撃を交互にくりだしたのであり、ある時はサボタージュを決行し、ある時はヴァッレの町長に協力をもとめ、アナキストとカトリックの老婦人の手を結ばせたのである。かくしてこの闘争はいまにいたるまで、平和主義とラディカリズムという地獄のカップルを失活させることができているのである。あるダンディなスターリン主義者は死の直前にこう総括をしている。「政治的にふるまうということは、やられる前にやること、政治をはられる前にこちらから政治をはること、そしてはりなおさせないこと。戦闘を、一連の戦闘をくりひろげることである。戦争を仕掛けること、戦争の目的、短期的および長期的展望、戦略、戦術をもって、われわれの戦争を仕掛けることである」。

三

フーコーはいう。「内戦とは、あらゆる権力闘争の母体であり、あらゆる権力の戦略の母体である。したがって内戦とはまた、権力にかんする、あるいは権力に抗するすべての闘争の母体である」。そしてこう付言する。「内戦は、集団的な諸要素をくりひろげるばかりではなく、それらを構成する。内戦とは、国家《レピュブリック》から個人への、主権から自然状態への、集団的秩序から万人の万人にたいする戦争への再下降のプロセスではまったくない。内戦とは、それをつうじて、それによって、それ以前には存在しなかったいくつかの新しい集団性が構成されるプロセスである」。およそいかなる政治的存在も結局はそのような知覚平面でこそ力能をくりひろげるのである。このことを否認するのが、すでに敗北した平和主義と、敗北しかのぞまないラディカリズムというふたつの流儀である。戦争とはじつはなんら軍事的ではなく、生とは本質的に戦略的なものだということを否認するふたつの流儀である。時代のアイロニーというべきは、戦争がおこなわれている場所に戦争を位置づけることで、あらゆる統治が作動している平面をあきらかにしようとする者たちだけが、反革命者とみなされてしまうことである。過去半世紀のあいだに、非軍事主義者たちはあらゆる形態の戦争を忌避するようになったが、まさしくその間、軍人たちは戦争の非軍事的な概念、すなわち戦争の**市民的な**概念を発展させていったのだから、愕然とするほかはない。

同時代に書かれたもののなかから無作為に例をあげてみよう。

集団的な武力紛争の場所はしだいに戦場から地球全体へと拡張されてきている。同様に、紛争の期間もまた際限のないものになった。いまや宣戦布告も休戦もない。［……］それゆえ今日の司令官たちが強調するように、現代における勝利は、敵地の奪取よりはむしろ、敵の人口の人心掌握にかかっている。敬意をつうじて賛同を、賛同をつうじて服従を呼びおこさなければならない。めいめいの内発的な反応をひきだすことが重要なのである。いまや人間諸集団の社会的接触が生じるのは内面においてだからである。世界の均質化によってむきだしになり、グローバリゼーションによって接触を強いられ、テレコミュニケーションにつらぬかれた各人の内奥にこそ、戦線が存するのである。［……］こうした受動的パルチザンの製法は、以下の合い言葉に要約される。「戦線を各人の内部に、そして戦線からひとりのこらず撤収せよ」。［……］戦争状態でも平和状態でもなく、軍や法といった古典的な紛争解決のおよそすべてが無効になる世界。その政治戦略上の試練のすべては、いままさに行動に出ようとして交戦状態への移行の閾上にある受動的パルチザンが、能動的パルチザンへと生成するのを阻止することである。

——ロロン・ダネ『ポレモスフェール』

戦場が、陸海空の空間やエレクトロニクスの領域をこえて社会、政治、経済、外交、文化、さらには心理の領域にまで拡張されている今日、従来のすべての戦争において支配的領域だった軍事領域の優位性は、様々なファクターの相互作用によって非常にあやうくなっている。戦争が非戦闘領域において展開されうるという発想は理屈上とても奇妙で受け入れがたいが、現に情勢はますますそのような傾向をみせている。〔……〕この意味で、戦争に供されることのない生の領域はもはや存在せず、いまやそのほとんどすべてが戦争の攻撃的側面を表しているのである。

——喬良、王湘穂『超限戦』

ありうべき戦争は社会と社会の「あいだで」おこなわれるのではなく、社会の「内部で」おこなわれる。〔……〕その目標はもはやこれこれの地方や河川や国境線ではなく、人間社会とその統治、その社会契約、その制度である以上、奪取すべき、あるいは防衛すべきラインや陣地などもはや存在しないからである。投入された軍隊が掌握すべき唯一の前線とは人口の前線である。［……］戦争に勝利するとは、環境を掌握することである。［……］戦車の大隊を察知したり、潜在的ターゲットをつきとめることはもはや重要ではなく、社会環境や行動や心理を理解することが重要なのである。状況に見合ったよりすぐりの戦力の適用によって人間の意志に影響をおよぼさねばならない。軍事行動とはほかならぬ「話し方のひとつ」であり、いまや主要な作戦はすべて第一にコミュニケーション作戦なのであって、その作戦によるあらゆる行為は、たとえ小規模でも、言葉よりも強く語るのである。［……］戦争を主導するとはなによりもまず、近くのあるいは遠くの、直接的あるいは間接的な行為者全員の知覚を管理することである。

——ヴァンサン・デポルト『ありうべき戦争』

発展したポスト近代社会は極度に複雑化しているせいで非常に脆弱になっている。この社会は「故障」という出来事による崩壊を未然にふせぐためには、なんとしてでも脱中心化されなければならない（社会の安泰をもたらすのは周縁であって体制ではない）。［……］自警団や軍隊式の集団、民間軍事会社といったローカルな軍事力に依拠することがぜったいに欠かせない。なぜかといえばまず、それらが環境や人口について有する知識が不可欠だという現実的な理由からであり、ついで、様々なイニシアチブが連合しそれぞれが強化されることが国家の威信のあかしとなるからである。

だがなによりも、それらが危うい状況にたいして適切かつ独創的な（通常ならざる）解決策をみいだす能力にひときわすぐれているからである。いいかえれば、不正規戦争をつうじてもたらされた解答とは、その戦争がなによりも市民をベースとした準軍事的なものでなければならず、警察的ないし軍事的なものであってはならない、というものである。ヒズボラが第一級の国際的なアクターとなり、ネオサパティスタ運動が新自由主義的グローバリゼーションのオルタナティヴを代表するにいたっている以上、認めなければならないのは、「ローカルなもの」が「グローバルなもの」と相互に作用しうるということであり、その相互作用はまちがいなく現代の主要戦略の特徴のひとつをなしているということである。［……］端的にいえば、あるローカル＝グローバルの相互作用にたいしては別のローカル＝グローバルの相互作用でもって対応することができなければならない。それが依拠するのはもはや国家装置（外交や軍隊）ではなく、すぐれてローカルな要素――すなわち市民である。

――ベルナール・ヴィヒト『斜めの秩序のほうへ―情報戦時代の反ゲリラ』

これらを読むと、二〇一一年八月のイングランド暴動の後に登場した市民清掃人たちからなる自警団や密告の呼びかけがはたした役割がこれまでとは少し違ったふうにみえてくる。あるいはギリシャにおける「黄金の夜明け」のファシストどもの政治舞台への導入――ついで「ピットブルは太りすぎた」のさいの連中の都合のよい排除――の経緯が。近年のメキシコ連邦政府によるミチョアカン州民兵の武装化についてはいうまでもない。かかる目下の事態はほぼつぎのように要約される。**軍事ドクトリンであった「対蜂起作戦」はいまや統治の原理となった。**ウィキリークスによって曝露されたアメリカ外交公電のひとつがそのことを露骨にしめしている。「スラム街の鎮定プログラムは、アメリカ合衆国が進めるアフガニスタンやイラクでの対蜂起作戦ないしドクトリンの諸特徴のいくつかを採用するものである」。時代は結局のところ、蜂起の可能性と対蜂起作戦のパルチザンたちのあいだで展開されるこの闘争、この熾烈なせめぎあいへと帰着するのかもしれない。おもうにそれは、「アラブ革命」が西洋の側に惹起した政治談議の異様なまでの熱狂がおおいかくしていたものである。何をか。たとえば、ムバラクが蜂起の初期におこなったように、下町でコミュニケーション回路をすべて不通にしてしまうことは、取り乱した独裁者のきまぐれといったたぐいのものではなく、NATOの『アーバンオペレーションズ二〇二〇年』というリポートの厳密な適用である、といった事実を。

世界政府は存在しない。存在するのは、ローカルな諸々の統治装置の世界的ネットワークであり、つまりは対蜂起作戦の世界的な布置＝装置なのである。スノーデンによる曝露がそのことを充分に証明している。シークレットサービスと多国籍企業と様々な政治的ネットワークが恥ずかしげもなく協力しあっているのであり、しかもその協力がまさに国家以前のレベルでなされているのである――いまや誰も国家という境位になどとりあわない。そしてこの場合、中心も周縁もなければ、国内のセキュリティも国外でのオペレーションもない。遠方の人民を対象に実験されていることは、遅かれ早かれ自国人民の運命となる。一八四八年六月にパリのプロレタリアートを虐殺した軍隊がその手腕を磨いたのは、植民地化のさなかにあったアルジェリアでの「市街戦」や一斉手入れや焼き討ちをつうじてであった。アフガニスタンから帰還したイタリアのアルプス猟歩兵大隊はただちにヴァッレ・ディ・スーザに投入される。西洋において、深刻な騒擾が自国領土内で生じた場合、国土上で軍事力を行使することはもはやタブーでさえなく、むしろ破綻のない筋書きどおりの展開である。公衆衛生上の危機からさしせまったテロの脅威まで、事態にたいする人々の心構えは万全だった。いたるところで市街戦や「秩序の回復」や「紛争後の安定化」にむけた訓練がおこなわれている。次の蜂起にむけてすでに万策が講じられているのである。

したがって対蜂起の諸々のドクトリンを、われわれに仕掛けられている戦争の理論として、現代のわれわれの共通の状況を規定しているあまたの事象のひとつとして読み解かなければならない。われわれは一方でそのドクトリンを、戦争概念の質的飛躍をもたらすものとして、その手前にとどまっていてはわれわれ自身の位置を決定しえないものとして読む必要がある。だが他方ではそのドクトリンを、まやかしの鏡としても読まなければならない。対蜂起戦争のドクトリンが次々とあらわれてくる革命の側のドクトリンに合わせて形成されてきたからといって、対蜂起のセオリーから蜂起のセオリーのネガを導き出せるわけではない。論理の陥穽というべきである。「小規模戦」を遂行して奇襲攻撃を仕掛け、標的になりうる何ものも敵に与えないだけでは充分ではない。かかる非対称性さえも解消されてしまった。戦争や戦略の分野においては、遅れを取り戻すだけでは充分ではない。われわれは先手を制する必要がある。必要な戦略とは、敵ではなく敵の戦略に狙いを定めた戦略であり、敵の戦略を自壊にみちびくことのできる戦略である。敵に勝利を確信させておいて、そのまま敗北にひた走らせる、そのような状況をつくりだせる戦略を。

対蜂起作戦が社会それ自体を作戦区域としているからといって、あるアナキストたちがうれしげにいう「社会戦争」こそが遂行すべき戦争だということではまったくない。「社会戦争」という概念の主要な欠点は、「国家と資本による」攻撃とそれらにたいする攻撃を同一の呼称のもとに混同し、それらの転覆をはかる者たちを対称的な戦争関係のうちに位置づけるからである。サンパピエたちの国外追放への報復としてエールフランス支社のウィンドーを粉砕する。これは「社会戦争の行為」と宣言されるものであり、収容所反対の闘争をしていた者たちが一斉に逮捕されるのも「社会戦争の行為」である。「社会戦争」の支持者の多くが決然たる態度に裏打ちされているのは否定すべくもないが、かれらは国家との真っ向対決を、しかも国家以外のものであったためしのない「社会問題」というグラウンドでの闘いをどこかで受け入れてしまっている。だが、そうして対峙する力と力は非対称でしかありえない。壊滅は不可避である。

じつは社会戦争という発想は、現代版「階級戦争」のできそこないにすぎない。いまやめいめいが生産諸関係内に置かれた立場というのは、フォーディズム体制下の工場のような形式的な明白さをもたないのである。ややもすると革命派というのは、みずからの敵を手本にして自己構成するのを余儀なくされているかのようにみえる。たとえば一八七一年の労働者国際団の成員のひとりが要約しているように、経営者たちがやつら自身の利害を中心に階級として世界的に組織化されているがゆえに、プロレタリアートもまたみずからの利害を中心に労働者階級として世界的に自己組織化しなければならない、ということになる。あるいは結成直後のボルシェビキ党の成員のひとりが説明しているように、ツァーリズム体制が規律訓練のゆきわたった序列型の政治軍隊装置として組織化されているために、党もまた規律化された序列型の政治軍隊組織として自己組織化すべきだ、ということにもなる。かかる**対称性の呪い**の歴史的事例は枚挙にいとまがない。そしてそれらは一様に悲劇的である。アルジェリア民族解放戦線FLNについても事情は同じであり、FLNは勝利する以前に、対峙していた植民地占領軍と手法においてそっくりになってしまっていた。あるいは赤い旅団。いわゆる「国家の核」をなす五〇人を射殺することで、国家装置をまるごと奪取できると旅団は信じていたのだった。今日、かかる対称性の悲劇による誤謬の究極的な表現はニューレフトのよぼよぼの口からついて出る。ネットワーク状に構造化されながらも指令中枢をそなえている拡散的帝国には、それとまったく同様、ネットワーク状に構造化されつつも、時がくればやがて帝国の指令中枢を占拠しうる官僚制をそなえるマルチチュードを対置しなければならない、と。

以上のような対称性を特徴とする反乱は失敗に終わるほかはない――その反乱が**識別可能な**顔貌を、狙いやすい標的を与えてしまうからだけではない。とりわけ、その反乱が最終的に敵の相貌を帯びてしまうからである。納得したければ、たとえばダヴィッド・ガリュラの『対蜂起、そのセオリーと実践』を紐解いてみよう。そこでは、なにがしかの叛徒らに体制軍が決定的に勝利するためのステップが体系的に詳述されている。「叛徒にしてみれば、最良の大義とは当然ながら、最大限の支持を集め、反対者を最小限に抑えられる大義である。［……］かならずしも問題が明白でなくともよい、もし明白なら叛徒の仕事は楽になるだろうが。問題が潜在的であるならば、『大衆の政治意識を高める』ことが最初の課題となる。［……］活用する大義はただひとつであってはならない。ただし、反植民地主義のような、包括的で自己充足的な大義ならば別である。なぜならそのような大義は、政治、社会、経済、人種、宗教、文化にわたる諸問題をかねそなえているからである。掌握すべき社会を構成している様々な集団のそれぞれにたいして、諸大義のなかから適切な配合を特別にみつくろってやれば、叛徒はまたとない成果を得るだろう」。

ガリュラのいう「叛徒」とは誰のことか？　西洋の政治家、公務員、広告業者のゆがんだ反映にほかならない。あらゆる状況にたいしてシニカルな部外者を決め込み、とほうもない支配欲以外の真摯な欲望をまったくもたないやつらの反映である。ガリュラが応戦の仕方を**心得ている**「叛徒」とは、世界からもいかなる信からも疎遠な者である。この将校にとっては、蜂起は人口からはけっして生まれない。結局、人口は安寧しかのぞまず、自分たちにとって最大限の保護と最小限の脅威を意味する党に追従するだけなのだから。若干のエリート間の争いのなかで、人口とは一個の駒、ひとまとまりの無気力な大衆《マス》、ひとつの**泥沼**にすぎない。権力が想いえがく叛徒というのが、狂信者の形象と、狡猾なロビイストの形象のあいだで揺れているのに驚愕するかもしれない——だが、それに劣らず驚かされるのは、多くの革命派がそうしたぶざまな仮面をいそいそとかぶろうとするそのさまである。こうした戦争をめぐる対称的な理解は、それが「非対称的」な戦争であっても同様である。小集団が人口の支配をめぐって争う。そして小集団はつねに人口の外にありつづける。対蜂起作戦の錯誤はここに極まる。すなわち、ゲリラ戦術によって導入された非対称性を吸収しおおせた対蜂起作戦は、にもかかわらず「テロリスト」の形象を、**自身がそうであるところのものに立脚して**生産しつづけているという点にこそ。したがって、そこにこそわれわれの優位がある。われわれが「テロリスト」の形象を演じるのを拒否するかぎりにおいて。これこそ、あらゆる有効な革命的戦術が出発点としなければならないことである。そしてそれは、イラクやアフガニスタンにおけるアメリカの戦略の失敗によってもあきらかである。対蜂起作戦は「人口」をあまりにもひっかきまわしたために、オバマ政権は日々、外科手術的に、叛徒にみえる者すべてをドローンで暗殺しなければならない。

四

叛徒は統治にたいして非対称の戦争を遂行しなければならない。なぜなら叛徒と統治のあいだには**存在論的な**非対称性があるからであり、したがって戦争の定義それ自体についての不一致が、戦争の手法や目的についての不一致があるからである。統治はいまや永続的な攻撃そのものになった。われわれ革命派が、そうした攻撃の標的にして賭け金である。われわれ**とは**、征服すべき「情動であり精神」である。われわれ**とは**、「掌握する」べき群衆である。われわれ**とは**、統治のエージェントが制圧をめざして徘徊する環境そのものであり、権力をかけて争う相手ではない。われわれは人民のなかで「水を得た魚のように」闘争するのではない。われわれとは敵がもがく水そのもの、溶ける魚なのである。われわれはこの世界の下層民のうちに伏兵として身を潜めるのではない。なぜなら下層民のほうがわれわれのうちに身を潜めもするのだから。生気と剥奪、激昂と狡猾さ、真実と策略がわきおこってくるのはわれわれ自身の内奥からである。組織化されるべき**誰ひとりとして**存在しない。われわれは内側から成長し、自己組織化して開花するこの物質である。ここにこそわれわれの本物の優位が、真の非対称性がある。自分の居場所に存在しているものに取り組むかわりに、恫喝や演技をつうじて、よそで売りさばく輸出品をつくることに専心する者は、自分を自分自身から、自分の基底から切断してばかりいるのである。いわゆる「人口の支持」やへつらいを敵から奪いとる必要はない。**もはや人口など存在しない**ようにしなければならない。人口はまずもって、統治の**産物**であることなくして統治の**対象物**になることはけっしてありえなかった。人口は統治されうる存在であることをやめるやいなや、人口として存在しなくなる。ありとあらゆる蜂起の後、ひそかに猛威をふるっている作戦行動の賭け金は、蜂起のうちに凝縮され展開された力能を解消してしまうことである。統治するとは、人民の政治的能力をことごとく否認すること、すなわち、蜂起を未然にふせぐこと以外であったためしはない。

被統治者を、政治的に行動するかれら自身の力能から切りはなしてしまうこと。これは、大規模デモの散開にさいして警察が「暴力分子を孤立させ」ようとするたびに、おこなっていることである。蜂起した人民のただなかに、漠然と同意したにすぎない罪なき人口と、間違いなく少数派で、たいていは地下に潜っており、やがて「テロリスト」になるはずの武装した前衛を分裂させること。蜂起をつぶすにはこれ以上に有効なやり方はない。かかる戦術の申し分のない実例をわれわれは、イギリスにおける対蜂起の首魁フランク・キトソンにもとめることができる。一九六九年八月、北アイルランドに空前の動乱が勃発した後の歳月において、ＩＲＡ（アイルランド共和国軍）の絶大な威力とは、自律的無党派を宣言したカトリック系地区——暴動が打ちつづくあいだはベルファストやデリーでＩＲＡに援軍を呼びかけた——と団結した点にあった。フリーデリー、ショートストランド、アードイン。アパルトヘイトの地に散見され、いまなお数キロメートルにわたって「ピース・ライン」が取り囲んでいるあした立入禁止区域《ノーゴー・エリア》へと少なからぬ界隈が自己組織化したのである。蜂起したゲットーは入口をバリケード封鎖し、警察やロイヤリストにたいして門戸を閉ざしたのだった。一五歳の少年たちが朝は学校に、夜はバリケード上に立つ生活を送っていた。共同体のもっとも尊敬すべき者たちは一〇人分の買い物をし、外を出歩くことさえむずかしくなった者たちのためにひそかに食料品を流した。ＩＲＡ暫定派はかかる夏の出来事にこそ不意をつかれたものの、蜂起が常態化したそれら点在区域のきわめて濃密な倫理的編成《ティスュ・エチック》のなかに混ざり合っていった。かかる圧倒的な優位性からすればすべては可能に思われた。一九七二年は勝利の年になるはずだった。

いささか虚をつかれ、対蜂起は総力を挙げた。イギリスにとってスエズ危機以来となる大規模な軍事作戦のすえに諸界隈は一掃され、点在区域は破壊されてしまった。それによって「職業的」革命派と暴動人口——一九六九年に立ち上がった人々——は截然と分離されてしまい、かれらはそこで織りなされていた無数の共謀から引きはなされてしまったのである。この一連の軍事行動によって、IRA暫定派は、いかに強烈で断固たる意志につらぬかれていても、たんなる武装分派、たんなる準軍隊集団にされてしまった。もはや衰退は、法手続きぬきの収監は、即決の処刑はまぬかれなくなってしまった。弾圧の戦術は以下のようなものだっただろう。すなわち、ラディカルな革命的主体を**存在させる**こと、その者をカトリック共同体の生き生きとしたひとつの力にしていたすべてのもの——大地にねざした生、日常生活、そして若々しさ——からかれを分離してしまうこと。だがそれではまだ充分ではないというかのようにIRAによるテロを捏造したのであり、麻痺した人口はそのため完全にIRAに敵対するようになってしまった。カウンターギャングスからファルスフラッグオペレーションズまで、IRAを地下潜行のモンスターに仕立てあげるためなら何をやってもかまわない。共和国の運動の力をなしていたもの、すなわち地区界隈から、その窮地を切り抜け組織化するセンスや暴動への習熟から、領土的にも政治的にも切りはなされたモンスターに仕立てあげられるならば。いったん「準軍隊集団」として孤立させられてしまえば、また、それを絶滅させるための例外的措置が幾度となくくりかえされ、そのことに誰も驚かなくなってしまえば、あとは「騒乱」がおのずと霧散するのを待つだけでよかった。

したがって、なりふりかまわぬ弾圧がわれわれに降りかかるときは、それによって自分たちのラディカリズムが証明されたなどと考えてはならない。やつらがわれわれを**破壊**しようとしているなどと思ってはならない。むしろ、やつらはわれわれを**生産**しようとしているという仮説から出発しよう。われわれを「アナキスト」や「ブラックブロック」や「反システムの過激派」といった政治的主体として生産しようとしているのだと。われわれの政治的アイデンティティを**でっちあげる**ことで、総称としての人口からわれわれを引き抜こうとしているのだと。弾圧がわれわれをみまうときは、われわれは**自分を自分自身だと思わない**ことからはじめよう。対蜂起作戦の理論家どもが苦心惨憺して捏造した空想的なテロリスト＝主体を溶解させてしまおう。そのような主体を晒しものにすることはとりわけ「人口」の産出に役立つのだから。無気力で非政治的な群れとしての人口、統治されること、すきっ腹をかかえて消費願望を満たすことだけがとりえの、未熟な大衆としての人口の産出に。

革命派は「人口」を「社会計画」などという空虚な外部から転向させる必要はない。革命派はむしろ、おのれ自身の現前から出発すべきである。みずからが住んでいる場所から、みずからにとって馴染みのある領土から、周囲で織りなされているものにみずからを結びつけている絆から出発すべきなのである。敵の特定や有効な諸々の戦略と戦術が浮上するのは生活からであって、とっておきの政治的信条からではない。**力能の増大の論理**、**ここには権力奪取の論理に対置しうるもののすべてがある**。全面的に住まうこと、ここには統治のパラディグムに対置しうるもののすべてがある。国家装置を襲撃するのもよい。だが、もしも拡大された勢力範囲がただちに新しい生によって充たされなければ、やがて統治に奪還されてしまうだろう。ラウル・ジベッチは二〇〇三年にボリビアのエル・アルトで起こったアイマラ族蜂起についてつぎのように書いている。「かかるスケールの諸行動を展開するには、それ自体が組織化の形態であるような、人々の濃密な諸関係が網状にはりめぐらされていなければ無理だっただろう。問題は、近所づきあいや友情、仲間意識や家族といった日常的に練りあげられる諸関係が、組合や党やさらには国家にさえひけをとらない水準の組織化だということを、われわれが真剣に考慮しようとしないことである。［……］西洋文化においては、形式的な取り決めをつうじてコード化された契約関係のほうが、インフォーマルな絆によってつくりあげられた忠誠心よりもたいていは重視される」。われわれは、革命にむけるのと同じだけの配慮を、日々の共同的生のごくささやかな細部という細部に向けなければならない。なぜなら蜂起とは、日常生活から切りはなせない領域であるがゆえにひとくくりにできないかかる組織化を、攻撃的な領域へと移行させることだからである。蜂起は倫理の場のただなかにおける質的飛躍であって、ようやく達成された日常性からの切断などではない。ジベッチはつづける。「蜂起を活気づけている諸身体《オルガヌ》は日々の集団的生活を活気づけているものと同じである（エル・アルト地区評議会においては地区集会）。日々の集団的生活を規律づけている義務やローテーションは、幹線道路や街路の封鎖戦術をも同様に規律づけている」。かくして自然発生性と組織化の不毛な区別は解消される。一方に前政治的で無意識的かつ「自然発生的な」生存領域があり、他方に政治的で合理的な組織領域があるのではない。カスみたいな関係しかもたないやつにはカスみたいな政治しかできない、ということである。

とはいえ、勝利を見据えた攻勢をかけるために、われわれのあいだからコンフリクトにたいする性向のいっさいを排除せねばならないわけではない。ただし、コンフリクトというのは二枚舌や手練手管とはちがう。パレスチナのレジスタンスがイスラエル軍の望みどおりにならずやってこられたのはもっぱら、レジスタンスが成員内での諸々の差異化のはたらきをけっしてさまたげなかったからである──たとえあからさまな対立に発展せねばならなかったとしても。どこだろうと、政治上の分裂は倫理が活力をたもっている明白なしるしであると同時に、レジスタンスの地図を作製し、ついで殲滅することを任務とする諜報機関にとっての悪夢である。イスラエルのある建築家はこう述べている。「イスラエルの戦闘の流儀とパレスチナのそれは根本的に異なっている。パレスチナのレジスタンスは多くの組織に分裂しているが、それぞれが多かれ少なかれ独立した武装分派をそなえている──ハマースはイッズッディーン・アル＝カッサーム旅団を、イスラーム・ジハード運動はサラヤ・アル＝クードス旅団を、ファタハはアル＝アクサ殉教者旅団とフォース十七とタンジーム・アル＝ファタハを。それに加えて独立系のＣＲＰ（人民レジスタンス委員会）があり、さらにはヒズボラないしアル＝カーイダと推定される、あるいは現にそうである構成員らがいる。これらのグループ間の関係性というのは、あるときは協力関係、あるときはライバル関係、さらにあるときは烈しい対立関係にまで発展するほどにふれ幅の広い不安定なものだが、まさにそうであるがゆえにそれらの相互作用の輪郭を明確にするのはきわめて困難をきわめるのであり、それらの集合的な力量や有効性やレジリアンスを増大させてもいるのである。様々な組織が知識や専門能力や軍需品を共有するパレスチナ・レジスタンスの拡散的性質——あるときは共同作戦を組織化し、あるときは残忍な内ゲバに専心する——は、イスラエル占領軍による攻撃の効果をいちじるしく限りあるものにしている」。おのずともちあがる内部のコンフリクトを真摯に受け入れることは、蜂起の戦略の具体的な練り上げをなんらさまたげはしない。それは運動にとっては逆に、活力を失わず、本質的な問いを開いたままにしておき、必要があれば即座に移行する最良のやり方なのである。だが、われわれが内戦を**われわれの内部においても**受け入れるのは、そのこと自体が帝国による攻撃を潰走させる秀逸な戦略であるからだけではない。とりわけそのことが、生をめぐってわれわれが抱懐する観念と両立可能だからである。じじつ、革命派であるということは、必然的に、幾ばくかの真実に身をささげることである以上、それら真実の還元不可能な複数性によって、われわれの党が和平による合一を遂げることはけっしてないだろう。それゆえ組織にかんしても、兄弟愛によるる平和か兄弟殺しの戦争かを択ぶ必要はない。真の選択は、諸革命を強化する内部抗争の形態か、それとも諸革命に足かせをはめるそれか、というものである。

「あなたにとって幸福とは何か?」という問いにマルクスは「闘争することだ」と答えた。「なぜあなたたちは闘うのか?」という問いにわれわれはこう答えよう。われわれの考える幸福がそれを必要としているからだ、と。

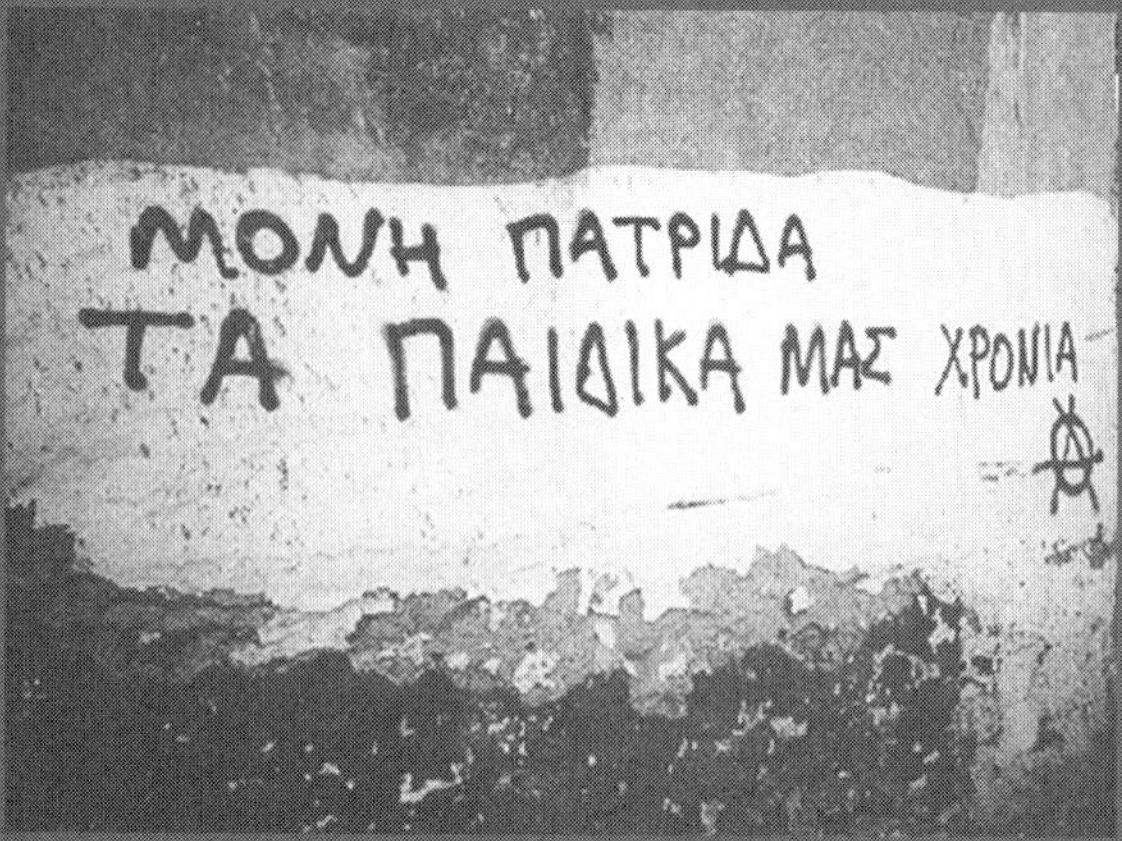

Crète, 2006

われわれの唯一の故郷、幼年期

一　「社会」は存在しない、したがってその防衛も破壊もありえない
二　淘汰を離脱へと反転させなければならない
三　「ローカルな闘争」などない。あるのは諸世界間の戦争である

一

二〇一〇年五月五日、アテネ市民はその日も幾度目かのゼネストのさなかにいた。誰もが街頭に出ている。春の陽気のなかに戦闘的な雰囲気がたちこめている。サンディカリストにマオイストにアナキスト、公務員に年金生活者に若者そして移民。街の中心はデモ参加者たちによって文字どおり制圧されていた。トロイカの驚くべきメモランダムがこの国にひきおこした激憤はとどまる気配をみせない。新たに一連の「緊縮」措置を議決しようとしていた議会は、すんでのところで襲撃の手から逃れる。ならばとデモ隊の標的になった財務省から火の手があがる。デモの行く手のほぼいたるところで敷石がはがされ、銀行は破壊され、警官隊との対決がくりひろげられる。警官らはイスラエルから輸入した音響弾や強力な催涙ガスをおしげもなく発砲する。アナキストらはおきまりのカクテル・モロトフを投げつけるが、このときばかりはかれらも群衆の喝采を浴びたのである。「ポリ公、豚野郎、ひと殺し」という伝統的なコールが響きわたり、「議会を燃やせ！」、「政府はひと殺し！」といった怒号がとびかう。蜂起のはじまりかとおもわれたものはしかし、午後をまわったころには止まってしまう。政府の発表した臨時ニュースが、出端をくじいてしまったのである。アナキストたちの一部は、スタディオウ通りにあるイアノス書店に放火をくわだてた後に、ある銀行にも火を放ったのだという。その銀行はゼネストの号令を無視しており、建物のなかには何人かの行員が残されていた。そのうち三人が窒息死することになる。ひとりは妊婦だった。この時点ではまだ、経営側がみずから非常口にロックをかけていたことはあきらかにされていなかった。このマーフィン銀行での一件は、ギリシャのアナキズム運動にプラスチック爆弾の炸裂のような影響をもたらした。政府ではなくアナキストたち自身がひと殺しの役回りを演じるはめになったのである。二〇〇八年十二月以降あらわになっていた「社会派アナキスト」と「ニヒリスト・アナキスト」の破断の線は、出来事の重圧のなかで激しさの絶頂をむかえる。かくして昔ながらの問いがふたたびもちあがってくる。すなわち、社会を変えるために、社会に別の組織形態を例示して社会との接点をもつべきなのか、それとも、受動的服従によって社会を温存しようとするやつらもろとも社会をたんに破壊すべきなのか？　この問いをめぐって、議論はかつてないほど紛糾した。たがいを誹謗する文章の束だけではすまず、政治家どもの満足げな表情をよそに、論争は血をみるまでに発展していく。

この事件が悲劇的なのはおそらく、いまや適切ではなくなったその問いの周囲でひたすら中傷がくりかえされた点にある。議論があれほど不毛なものに終始したのもそのためだろう。というのもおそらく、「社会」は存在しないのであり、その破壊も説得もありえないのである。おそらく、十八世紀の終わりに生みだされ、二世紀にわたって革命派と統治者の双方の関心を占めつづけてきた社会というフィクションは、誰にも看取られないまま臨終の時をむかえたのである。涙ながらに**社会の終わり**を嘆いてみせる社会学者のノスタルジーも、ある日好戦的な厚かましさで「社会などというものは存在しない」と宣言したネオリベラルなご都合主義もよせつけずに、われわれはそれを弔うすべをわきまえなくてはならない。

十七世紀において「市民社会」とは、「同じ政体と法のもとでひとつに結ばれた」状態を意味していた。それは「自然状態」に対立する。「社会」とは文明のある種の状態であるが、あるいはそのまま「貴族上流社会」を指しており、平民大衆を排除するものであった。十八世紀をつうじて、自由主義的な統治様式とそれに対応した「経済学」という「陰鬱な学問」が発展していくにつれて、「市民社会」はブルジョワ社会を意味するようになる。経済的存在としてふるまうことが人間にとってあたりまえになっていくと、社会はもはや自然状態とは対立せず、いわばそれ自体が「自然な」ものにさえなっていく。かくして「市民社会」は国家に対峙するものとみなされるようになるのである。十九世紀におけるサン＝シモン主義、科学至上主義、社会主義、実証主義、そして植民地主義のいっさいがっさいをへて「社会」は自明なものとして受け入れられていったが、その自明性というのは、人類をその存在のあらゆる表出において、ひとつの大家族、ひとつの種の総体とみなすことを含意するものであった。十九世紀末になるとすべてが**社会的なものになる**。住居、経済、改革、化学、衛生、安全、労働、問題なるもの、そして戦争——社会戦争——までもが。かかる動向が極限に達した一八九四年には、篤志家たちによってパリに「社会博物館」が創設されるにいたった。それは「社会生活」を改善し、鎮定と浄化をゆきわたらせるためのあらゆる技術の普及と実験作業のためのものだった。れっきとした「科学」として「社会学」なるものが創始されようとは、ましてやそれが生物学をモデルとして生みだされようとは、十八世紀には思いもよらなかっただろう。

結局のところ「社会」とは、統治のあいつぐ諸形態の影にすぎない。「社会」とは、リヴァイアサンの時代においては絶対王政国家の全臣民からなるものだったし、自由主義国家においてはすべての経済的アクターからなるものだった。福祉国家においては、その基底的な構成要素である権利や必要や労働力の保有者としての人間そのものだった。「社会」という観念が狡猾なのは、それがつねに統治に奉仕してきたからである。それは、統治が展開する活動や作戦や技術によってこそ産出されたものを自然化するという役割をはたしてきたのである。社会というのは**本性上、統治以前に存在していたであろうものとして構築された**のである。「社会工学」などとあえて明示的にいわれるようになったのは、ようやく第二次大戦後になってからである。以来、社会とは構築されるべきものだという公式見解が成立するのであり、このことは、イラク侵攻のさいの「ネーション・ビルディング」をいささか想いおこさせる。もっとも、社会の構築が公然ととなえられれば、それがうまくいくというわけではない。

いつの時代も、社会を防衛することは、統治の対象を防衛することにほかならなかった——たとえ統治者自身に抗してその防衛がなされようとも。今日までつづいている革命派の誤りのひとつは、かれらにとってもっぱら敵対的なひとつのフィクションの領域で闘争がなされてきたことであり、統治の隠れ蓑にほかならぬ大義をかれらが自分たちのものにしてきたことである。いずれにせよ、われわれの党が現在おちいっている混乱の大部分は、一九七〇年以来、統治がもはや**そのフィクションを手放した**というたんにそれだけの理由によるものである。すなわち統治は、一個の秩序立った全体のうちに万人を統合するのを断念したのである——マーガレット・サッチャーはたんに事実を事実としてみとめるだけの率直さがあったにすぎない。ある意味で統治はよりプラグマティックになった。下は物や動物から、上は神や天国や天使から区別され、明確に定義された、人類なる均質な存在を構築するなどという、うんざりするような使命を統治はすっかり諦めてしまったのである。かくして恒常的な危機の時代、「金儲けの時代」が幕をあける。誰もが自分自身の起業家へと必死に転身してゆくなかで、社会の理想なるものは大打撃をこうむるのであり、一九八〇年代にはそれが瓦解の寸前であることはおおうべくもなかった。つぎの一撃はまちがいなく致命的だった。グローバル化したメトロポリスという夢想のかたちであらわれてきたものであり、それは、地球規模での生産プロセスの断片化とテレコミュニケーションの拡大のなれのはてである。

この世界を理解するにあたって、あくまでネーションや社会といった用語に固執する向きもあるかもしれない。だがその社会はいまや、一連の制御不能なフローによって貫通され穴だらけにされてしまっている。世界は巨大なネットワークとしてあらわれている。メトロポリスへと生成した大都市はもはや、相互連絡のプラットフォーム、出入口の場所――すなわち**ステーション**でしかない。東京であれロンドンであれ、シンガポールであれニューヨークであれ、どこだろうと、いまやなんの違いもなく暮らすことができるといわれている。あらゆるメトロポリスが単一の世界を織りなしているのであり、その世界で重要なのは流動性であって場所への愛着などではない。個人のアイデンティティはそこで共通パスの役割をはたす。それはどこだろうと、自分と似たような小集団《サブポピュレーション》との接続の可能性を保証するものである。空港のロビーからユーロスターのトイレへとたえず押し流されてゆくメトロポリスのセレブの一群が形成しているのは、社会ではないし、ましてやグローバル社会でもない。シャンゼリゼあたりで契約の交渉をすませた後に、リオの街を眼下にみおろしながらバンドの生演奏を堪能し、イビザのアフターパーティーで英気をやしなうハイパーブルジョアジーが象徴しているのは、なにかしらの未来の先取りというよりは、手遅れになるまえに急いで味わいつくしておこうという焦燥をかきたてている世界の衰滅なのである。ジャーナリストや社会学者らは、社会の後に来るものについて、個人主義の高まりについて、旧来の制度の解体について、準拠すべき枠組みの喪失について、コミュナリズムの昂進について、不平等のはてしない拡大について、決まり文句を並べながら、過去のものとなった「社会」をいつまでもくよくよと嘆いている。なにせ消失しかけているのはほかならぬやつらの食い扶持なのだから、転身を考えたほうが身のためだろう。

一九六〇年代から七〇年代にかけての革命の波は、万人が統合された平和な社会という資本の計画に致命的な打撃をあたえた。それにたいする応戦として資本は**領土の**再編成にのりだす。一個の全体を組織するというプロジェクトが根底から掘り崩されてしまった以上、あらためて根底から、確実で相互に接続された**複数の**根底から、価値生産のための新しいネットワーク状のグローバル組織の再興がめざされるだろう。新しい生産性の様式が見込まれるのはもはや「社会」ではなく、物質的な領土、**ある特定の**領土である。ここ三〇年のあいだで、資本の再編成は、世界の空間の新たな整備というかたちをとってきた。その賭け金は、「すぐれた社会資本にめぐまれた個人」にたいして――そうでない者にとってはあいにく、生きてゆくことはより困難なものになるだろう――創造や革新や起業をもっぱら集団でおこなうための最適な環境を提供すること、すなわち「イノベーションの震源」としてのクラスタの創出である。シリコンバレーがその全世界的なモデルをなしている。資本のエージェントはあらゆる場所で、個人個人を関係づけ、めいめいが充分に自己実現し、「才能を最大化する」のを可能とする「エコシステム」の調整にとりかかっている。これこそがクリエイティブ経済の新しい信条にほかならない。

その信条には、エンジニア／競争力の枢軸という従来のカップルが、デザイナー／ジェントリファイされた下町というデュオの歌うダンスフロアにいるのがみてとれる。この新しい公認聖書によれば、価値の生産はとりわけ西洋諸国において、イノベーションの能力いかんにかかっている。ところが他方で「エコシステム」の整備者たちがみずから認めているように、創造とその共有にふさわしい環境、創意のみなぎる雰囲気というのは、ゼロから創出されるものではなく、「位置づけられる」ものなのであり、ある歴史やアイデンティティがイノベーションの精神と共振をおこす場所のなかに芽生えるものである。クラスタとは押しつけられるものではなく、領土上の肥沃な「共同体」からあらわれる。いまはやりのアントレプレナーはわれわれをこう説得しにかかる。きみたちの都市が衰退しているのなら、それを解決するのは投資家でも政府でもない。自己組織化してほかの人たちと出会い、おたがいを知ること。かれらといっしょにはたらきながらやる気のある人間をリクルートし、ネットワークをつくって現状を打開しなくちゃいけない、と。重要なのは、過酷なテクノロジー競争のただなかでみずからのニッチをつくりだすことである。ニッチをものにできれば競争は緩和され、二、三年のあいだは既得権に安住していられる。資本はグローバル戦略の論理にもとづいてみずからを構想しつつ、領土整備を詭弁させながらに展開するのである。かかる背景があればこそ、ノートルダム・デ・ランドの空港建設阻止のために占拠された領土ＺＡＤをめぐって、あるいんちきアーバニストがつぎのようにいうのである。いわく、

ZADはおそらく「エコロジーや社会にとっての一種のシリコンバレーとなるチャンスである。[……]もともとは無価値も同然だった場所に誕生したシリコンバレーは、わずかな空間費用と若干名の動員によって、独自の地位と国際的な評判を手に入れたのだから」。商品にもとづかない社会などかつて一度たりとも存在しなかったと主張するフェルディナント・テンニースはこう述べている。「**共同体**において、人々はあらゆる分離にもかかわらずたがいに結びついているが、**社会**のなかでは、人々はあらゆる結びつきにもかかわらず分離されている」。資本がつくりだす「クリエイティブ共同体」のなかでは、人々は**分離それ自体によって**結びつく。生と価値生産の区別を可能とするような外部はもはや存在しない。「死」がせわしなく動きまわっている。それは若々しく活動的で、あなたに微笑みかけてくる。

二

革新や起業や創造を引き出すためのたゆまぬインセンティブは、おびただしい廃墟をめぐってこそ最高のパフォーマンスをみせる。それゆえここ数年、デトロイトという名の工業砂漠を実験場にするためのクールでデジタルな試みの数々が大々的に宣伝されているのである。「死の淵から新たな生によみがえった都市がお望みならば、それこそまさにデトロイトである。なにかが起こるひらかれた都市、デトロイト。チャレンジ精神の旺盛な若者、アーティスト、イノベーター、ミュージシャン、デザイナー、都市をつくる者たちの期待にデトロイトは応えてくれる」。そう語るのは、「クリエイティブ階級」を担い手として分節化された新しい都市開発などというアイディアを高値で売りさばいた何某である。かれが語っているのはほかでもなく、五〇年間で人口の半分をうしない、アメリカ大都市のなかで第二位の犯罪率をしめしている都市、七万八千件の建物が見捨てられ、元市長が収監されており、非公式の失業率が五〇パーセントに達している都市についてであり、しかしながらアマゾンやツイッター社が新たなオフィスを開設するにいたった都市についてである。デトロイトの帰趨はいまだ決していないにせよ、一都市まるごとの規模でプロモーション作戦を打てば、失業と不況と脱法行為の数十年によってもたらされたポスト工業の砂漠を、文化やテクノロジーに入れあげるヒップな地域に変貌させてしまうのに充分であることは既成の事実である。つかのま「ヨーロッパ文化首都」の決定にわいた二〇〇四年以来、素朴な都市リールを変貌させてしまった魔法の杖のひとふりがまさにそのようなものだった。そしてそのことがリールのインナーシティの人口を徹底的に「刷新し」てしまったことはいうまでもない。ニューオーリンズからイラクまで、いみじくも「ショック戦略」と名指されたものは、ゾーンからゾーンへと着実に、世界を収益の見込める断片へと切りきざむことを可能にしている。「社会」の統制されたこの解体＝刷新のなかでは、赤裸々な荒廃とべらぼうな富は、同じ統治の手法の表裏でしかないのである。

「エキスパート」による長期展望リポートを読むと、おおよそ以下のような地理学に出くわす。まずは、資本やスマートピープルを惹きつけようと競争するメトロポリスの広大な諸域がある。ついで、専門化によってなんとか差別化をはかろうとする第二ゾーンとしてのメトロポリスの諸々の極《ポール》がある。さらには、貧しい田園ゾーン、「自然や静かな生活の欠乏になやむ都市生活者が関心をむけるような」場所がある。そこは農業のゾーンに、しかもなるべくなら有機農業のゾーンや「生物多様性の保護区」のゾーンになることによってかろうじて存続している。最後にくるのは純然たる流刑ゾーンである。遅かれ早かれ検問所によって封鎖されるゾーンであり、ドローンやヘリコプターによって、電撃作戦や通話の一斉傍受によって遠隔操作されるゾーンである。

周知のとおり、資本はもはや「社会」の問いを引き受けない。ご丁寧にもみずから明かしているように、資本があつかうのは「ガバナンス」の問いである。一九六〇年代から七〇年代にかけての革命派は、資本に用などないといってそれに唾を吐きかけた。以来、資本は淘汰をつうじて選民をつくりだしている。

資本はいまでは、みずからを国家としてではなく、個別の領土としてとらえている。資本はもはや画一的に拡がるのではなく、領土それぞれを培地として組織化しつつ、局所に集中する。進歩をふりかざして世界を同じ速度で進ませようとするのではなく、むしろ世界の連結がほどかれていくにまかせておく——剰余価値をごっそりと搾れるゾーンと見捨てられたゾーン、戦争の舞台と平和の空間というように。たとえばイタリアのカンパーニア地方は、イタリア北東部のゴミを受け入れることだけが取り柄である、というように。そのようにしてヴィリエ＝ル＝ベルとソフィア・アンティポリスがある。ノッティングヒルとシティ・オブ・ロンドンがある。ガザ地区とテルアビブがある。うすぎたない郊外とスマートシティがある。人口についても同様である。総称としての「人口」などもはや存在しない。一方には、知的メトロポリスのど真ん中で社会資本、文化資本、関係資本を増殖させていく新興の「クリエイティブ階級」が存在しており、他方には、あからさまに「使えない」存在になった他のすべての人々が存在している。ものの数に入れられる生があり、はなから除外された生がある。**複数の**人口がある。そのうちのいくつかは危険人口であり、別のいくつかは強い購買力をそなえた人口である。

万が一、社会という観念をつなぎとめるセメント、その崩壊をふせぐ防御壁が残っているとすれば、それこそあの滑稽な「ミドルクラス」だったにちがいない。二〇世紀をとおして、ミドルクラスはすくなくとも潜在的には途絶えることはなかった——それゆえアメリカ人やフランス人の三分の二は今日でもあの階級ならざる階級に属していると信じて疑わないほどである。ところがいまや、この非階級こそがなさけ容赦のない淘汰のプロセスにまきこまれている。加虐趣味の極致というべき競争場面を映しだすリアリティ・ショーのテレビ番組が増えているが、それは、友人間の日常的な殺しあいに馴れさせようとする大衆プロパガンダ以外のなにものでもない。淘汰につぐ淘汰の世界のなかで生きていくということは、そのような殺しあいに帰着するのである。二〇四〇年には「ミドルクラスはいっそう減少しているだろう」。そう予言ないし推奨するのは、国土整備の分野におけるフランス政府の活動を計画し調整する機関ＤＡＴＡＲ（国土整備地方開発局）である。予言はつづく。「ミドルクラスのなかでもっとも幸運な者たちは、トランスナショナル・エリートの最下層を構成するだろう」が、その他の者たちは「その生活様式がますます下の階級のそれに近づく」だろう。それら「使用人の大群」は「エリートの必要を充たすべき」存在であり、劣悪な地域に暮らすかれらは「知的プロレタリア」と共存しつつ、社会序列の上部への同化を望みながら、あるいはそこから断絶した状態で生きていくだろう。より直裁的な言い方をすれば、やつらのヴィジョンはおおよそつぎのようになる。すなわち、荒れ果てた一戸建て住宅のゾーンから立ち退いた者たちはスラムへと合流する。そして残されたそのゾーンはといえば、「近距離流通によってメトロポリスに生鮮食品を供給すべく組織されたメトロポリス型菜園」に、「多種多様な自然公園」に、野生や異郷とのふれあいを希求する都市生活者の気晴らしのための「脱接続のゾーン」に明け渡されるのである。

かかるシナリオにどれだけ実現の可能性があるかはさして重要ではない。未来への自己投影と行動戦略を結びつけようとするやつらが、そのためにあらかじめ旧社会の死を宣言しているという事実こそ重要なのである。**淘汰**の包括的な力学は、社会的闘争をそのモメントのひとつとする古くさい同化の弁証法と逐一対立している。生産機能のたもたれた領土と罹災した領土、スマート階級とそれ以外の「変化に抵抗する」人々、すなわち**融通のきかない**「白痴」や「知恵後れ」や「無能」ども。かかる分割はもはや、なにかしらの社会組織や文化的伝統によってあらかじめ決定されてはいない。賭け金は、どこに価値があるのか——いかなる領土で、誰がそれをにぎっているのか、そして何のために——を**リアルタイムで**決定できるかどうかにある。メトロポリスによって再構成された群島は、「社会」と呼ばれる位階的な包括的秩序のごときものをもうほとんどとどめてはいない。全体化の野心はいっさい放棄されてしまった。先述のＤＡＴＡＲのレポートが何を意味しているかといえば、国土を整備し、ド・ゴールのフランスにフォーディズム体制を打ち立てた当事者らが、その脱構築にとりかかった、ということである。やつらはみじんの後悔もなく「国民国家のたそがれ」を宣明する。主権のおよぶ範囲をさだめる国境の確立であれ、人間と機械ないし自然との画然とした区別であれ、決定的な境界を引くことは過去のものとなった。境界をそなえた世界は終わったのである。メトロポリスの新「社会」は、フラットでひらかれた膨張性の空間上に、平滑なというよりは本質的に**冗漫な**空間上に配分される。それは余白へと流れ出し、輪郭をはみだしている。誰がその「社会」に帰属し誰がそうではないかを見分けるのはさほど容易ではなくなった。たとえばスマートな世界のなかでは、スマートなゴミ箱のほうが、ホームレスや田舎者よりも「社会」に強固に属している。「社会」は、中世神学に由来する位階的で垂直的な平面上にではなく、水平で断片的で微分化される平面上に再構築される。統治の遊動の場としての「社会」の境界はもはや、輪郭のさだかならぬ流動的なものでしかないのであり、したがってそれは容易に取り消し可能である。資本は、その信奉者のためだけの新しい「社会主義」さえ夢想しはじめている。シアトルでは、アマゾンやマイクロソフトやボーイングの未来派社員たちのために貧乏人がいなくなってしまった。そのシアトルでいまこそ、無償かつ共同の交通機関をはじめるべきである。とにかく人生がそっくりそのまま価値生産であるような人々にシアトルは支払いを要求したりしない。それでは礼を失するというものだろう。

ただし、諸々の人口や領土をめぐって断行される淘汰はリスクをかかえている。生かしておくべき者たちと野たれ死にさせておく者たちをひとたび分割してしまえば、人間の廃棄場へと送られる運命を自覚した者たちがなおも統治されたままでいるとはかぎらないからである。この厄介な残りの者たちについては、「管理する」というやり方にたのむしかない――かれらを同化させることなどありえないが、かれらを始末するのも慎みに欠けるから。冷酷でシニカルなプランナーたちは、「隔離」や「不平等の増大」や「社会的ヒエラルキーの拡大」をたんなる時代の客観的事実として受け入れるだけで、くいとめるべき異常事態とは考えない。隔離が**離脱**に変わっていく事態こそ、唯一本物の異常事態である。

離脱、それは「人口の一部が流出して周辺地域へとむかい、そこで自律的共同体として自己組織化する」こと、場合によっては「ネオリベラルなグローバリゼーションの支配的モデルとの断絶として」自己組織化することである。これこそがやつらにとって管理すべき危機であり、これこそわれわれがしたがうべき動向にほかならない。

資本がすでに始めている離脱を、したがってわれわれもまたすすんで引き受けよう。だがもちろん、われわれ独自のやり方で。離脱とは、国家という全体からその領土の一部を切りとることではない。孤立して自分たち以外のすべてと交流を断つことではない——そうなれば破滅は必至である。離脱とは、この世界の屑をかきあつめて**対抗クラスタ**をつくりだすことではない。そのようにして出来上がるのは、メトロポリスからのたんなる空想上の自律性のなかで悦に入るようなオルタナティヴ共同体だろうが、それこそDATARが描いた筋書きどおりの展開である。ああいった連中はさしさわりのない周縁で勝手に細々とやらせておけばよい——そう想定済みなのである。離脱するとは領土に住まうことである。この世界に位置づけられたわれわれの布置を、そこにとどまるわれわれの流儀を、われわれを支えている生の形態と諸々の真実を引き受け、**そこから**抗争や共謀を開始することである。したがってそれは、他の分派ゾーンと戦略的につながり、国境などおかまいなしに他の友好地域との往来を濃密にしていくことである。離脱することとは、国家の領土と断絶することではなく、現行の地理学そのものと断絶することである。不連続で群島をなす強度的な別の地理学を浮かびあがらせることである――したがって、たとえ一万キロ走破することになろうとも、われわれが親しみをおぼえる場所や領土に出かけていくことなのである。リヨン－トリノ間の鉄道建設に反対する人々が発行したある小冊子のなかにはこう書かれている。「No TAV とは何を意味するか？　『高速鉄道はヴァッレ・ディ・スーザをけっして通過しない』という単純な言表から出発し、それが真理となるようみずからの生を組織することである。ここ二〇年間に、その確信を中心として出会った人々が大勢いる。譲歩のありえないこの特異点から、全世界が新たな配置となってあらわれてくる。ヴァッレ・ディ・スーザの闘争が全世界にかかわるのは、その闘争が『共有財《ビャン・コマン》』一般をまもるからではなく、財の何たるかをめぐるある種の観念が共同で思考されるからである。それはある別の諸観念と真っ向から対立するものであり、その抹消をはかるやつらに抗戦し、それに親しみをおぼえる人々と結ばれてゆくものである」。

三

領土整備を専門とする地政学者の何某は述べている。「過去二〇年で、整備計画をめぐる抗争が潜在的に高まってきている。そのさまは、社会の抗争性そのものが、社会的領域から領土的領域へと移行しつつあるのではないか、と疑われるほどである。社会闘争が低迷するにつれて、領土を賭け金とする闘争が激化してきているのである」。以下のような事例に目をむけるなら、そうした主張を認めたくもなるだろう。ヴァッレ・ディ・スーザの闘争が、人里離れた山岳地帯から、イタリアにおけるここ数年の政治的異議申し立てのテンポを決定づけているさまをみよ。核廃棄物を載せた列車カストールに立ちはだかる、ドイツのウェントラントでの闘争の結集力をみよ。あるいはまた、ペロポネソス半島のケラテアでゴミ焼却炉建設を阻止した人々や、ハルキディキ半島のイアリソスでヘラス・ゴールド社の鉱山開発に反対する人々の決然たる態度をみよ。それゆえ革命派はますます、かつて「社会闘争」に熱中したのと同じくらい熱心に、かれらが「ローカルな闘争《リュット・ロカル》」と呼ぶものにのりだしている。するとマルクス主義者たちがまたぞろ自問自答しはじめる。かつてあれほど多くのストライキや工場闘争にそなわっていた領土的特色を、一世紀ばかり遅きに失したにせよ、あらためて評価すべきではないか、と。あれらストライキや工場闘争は結局のところ、労働者のみならず地域全体にかかわっていたのであり、主戦場となっていたのはたんなる賃金関係である以上におそらくは生それ自体であったにちがいない、と。こうしたマルクス主義革命派の誤謬は、かれらが労働者階級を把握してきたのと同じ仕方でローカルなものを把握する点にある。すなわち、闘争に先立って存在する現実として。だからかれらは勝手に思い込むのである、「押しつけられた無益な大規模プロジェクト」にたいするレジスタンスをとおして、新しいインターナショナルを築くべき時が来ている、そうなればレジスタンスはいよいよ強力になって影響力を増すだろう、と。やつらがとらえそこねているのは、闘争に参入した諸領土の日常生活を再構成し、闘争以前にはまったくつかみどころのなかったローカルなものに一貫した内実をもたせるのは、闘争それ自体だということである。「この運動は、『領土』を従来の状態のまま保護するだけにはとどまらなかった。運動は、『領土』の生成を見据えてそこに住んできたのである。[……]運動は領土を実在させ、構築し、それに一貫した内実を付与してきた」。TAVに反対する人々はそうしているる。フリオ・イエージはかつてこう述べた。「ひとつの都市は、暴動が公然化し、目まぐるしい攻撃と反撃のただなかにあるときのほうが、子どもの時分に町のあちこちで遊びまわったり、そのずっと後になって女の子と腕を組んで歩くときよりも、ほんとうに自分たちのものになる」。このことはヴァッレ・ディ・スーザの住人にもあてはまる。もしもかれらがEUの卑劣な計画にたいして三〇年にわたり闘ってこなかったならば、かれらが暮らす谷間についてあれほどの知識をもつことも、あれほどの愛着を抱くこともなかっただろう。

「領土」を賭け金と**しない**様々な闘争が結束しているのは、それらが一様に資本による再開発と対決しているからではなく、コンフリクトのプロセスそのもののなかで生き方が案出され、再発見されるからである。その結束は、闘争のなかから発生する様々な抵抗のみぶり——情報や商品の流通、または「革新的領土」相互の連結による価値生産に狙いをさだめた直接攻撃としての封鎖戦術、占拠、暴動、サボタージュ——によるものにほかならない。そうしたみぶりから解き放たれる力能は、勝利をめざして動員すべきものなどではなく、それが少しずつ増大していくかぎりにおいて、勝利そのものである。かかる意味において、「きみのZADの種を撒け」と銘打たれた運動はまさにその名のとおりの運動を展開している。ノートルダム・デ・ランドでは、空港建設業者に収用された土地で農業活動が再開され、以後、その土地は住人たちによって占拠されつづけている。かかるみぶりは、それについて熟考する者を、長い時間のなかへ、すくなくとも旧弊な社会運動よりもはるかに長い時間のなかへと即座に導きいれ、ZADによる生とその生成についてのより全般的な考察へといざなう。それは、ノートルダム・デ・ランドをこえた散種をもたらさずにはいない。タルン川流域ではすでに同様の運動が始まっている。

グローバルなものに抗してローカルなものを要求してもろくなことにならない。ローカルなものは、グローバリゼーションにとってかわる手堅い代案などではなく、その全世界的な所産なのである。世界がグローバル化される以前、わたしの住む場所はたんにわたしにとって馴染みの領土でしかなく、それを「ローカル」とは認識していなかった。ローカルなものはグローバルなものの裏面、残余、分泌物であり、それを内破にいたらせるものではない。職業や医療上の理由から、あるいは休暇中の滞在先として、そこからいつ何時でも引きはなされうるようになる以前は、なにもローカルではなかった。ローカルなものとは、剥奪状態の共有にともなう共有可能性の名前である。それは、グローバルなものに潜在的にはらまれたひとつの矛盾なのである。いまや、個々の特異な世界はあるがままの姿としてあらわれる。すなわち**総称的**世界のなかのひとつの襞としてであって、その実在する外部としてではない。地球規模のアウラをやどした領土や人民を再創造したヴァッレ・ディ・スーザやハルキディキやマプチェ族の闘争を、最終的にはとるにたらない「ローカルな闘争」の地位に押し込めることは——ほほえましいフォークロアとして「地方色《クルー・ロカル》」が語られるさいと同様——無力化のための常套手段である。国家にとって重要なのは、そうした領土が国家の周縁に位置しているのを口実として、それらを政治的に周縁化してしまうことなのである。はたしてメキシコ国家以外のいかなる存在が、サパティスタ蜂起とそれにつづく大胆な試みを「ローカルな闘争」などと呼ぼうとするだろうか？　とはいえ、ネオリベラリズムの進攻にたいするサパティスタの武装蜂起ほど局地化《ロカリゼ》されたものがまたとあるだろうか？そしてネオリベラリズムはといえば、やはり「グローバリゼーション」にたいする地球規模の反乱を呼び起こしたのではないだろうか？　サパティスタたちが的確に成功させた対抗作戦とは、国家の枠組みから、ということはつまり「ローカルな闘争」というマイナーな地位から一挙に抜け出し、世界中のあらゆる種の勢力とつながることだった。かくしてかれらは、自分たちの領土から、国境の彼方から、メキシコ国家を挟み撃ちにしてみせたのであり、それにたいしてメキシコ国家は手も足も出なかった。これはどこででも通用する一発必中の戦術である。

すべてはローカルである、グローバルなものそれ自体もふくめて。それでもわれわれは、グローバルなものを**位置づけ**《ロカリゼ》なくてはならない。ネオリベラリズムがヘゲモニーを握っているのは、それが宙をただよい、たいていは目にすることのない無数の流路をつうじて広まっているために、位置づけ不可能であり、それゆえ打破できないと思えてしまうからである。ウォールストリートを、世界を支配するかつての神のごとき業突張りとみなすよりは、むしろその物質的かつ人脈的なネットワークを位置づけ、トレーディングルーム内の連結を最後の一本までたどってみるべきだろう。すると、トレーダーというのはたんなる愚か者で、その悪魔的な評判にさえ値しないが、その愚かさこそかえってこの世界で幅をきかせられる力能なのだと気づくかもしれない。ユーロネクストやクリアストリームといった手形交換所のブラックホールがほんとうに実在するのかいぶかしく思うかもしれない。国家についても事情は同じである。おそらく国家とはつまるところ、ある人類学者が提唱したような、個人的な忠誠のシステムでしかない。国家とは他のすべての人々を打ち負かし、そのおかげでそれらの人々を犯罪者としてあつかう権利を手に入れたマフィアなのである。かかるシステムを特定し、輪郭を明確にし、その媒介者を曝くこと。それは、そのシステムを世俗的な実像へと引きずりおろし、現実の地位へとつれもどすことである。これもまた調査の仕事である。調査によってのみ、ヘゲモニックたろうとするものからそのアウラを剥ぎとることができるのだから。

「ローカルな闘争」として都合よく提示されるものには、もうひとつの危険がつきまとう。日常生活の組織化をもって統治の無用性を曝こうとする者は、ややもすると、協働が自然になされるような政治以前の潜在社会が実在すると結論しがちである。するとかれらが統治にたいし、「市民社会」の名にかけて立ち上がるのも当然のなりゆきだろう。この「市民社会」なるものは、誰もが一様にポジティブな希求をいだき、相互扶助や善良さや共感といった完全にキリスト教的な性向につき動かされた、不活性で鎮定された人間像を公準とせざるをえない。二〇〇一年のアルゼンチン蜂起をめぐってあるアメリカ人ジャーナリストは述べている。「まさに勝利の瞬間、革命は一瞬にしてその約束をかなえてしまったように思われた。誰もが兄弟姉妹となり、誰もが自己表現できる。意欲にあふれ、強固な連帯で結ばれている。歴史上、新たな政権が成立するさいには、その力能の多くは市民社会よりはむしろ国家に譲渡されてきた。〔……〕体制から体制への移行期というのは、国家なき社会というアナキズム的理想にもっとも接近する瞬間にみえる。それは、特定の者が至上権をにぎることのないまま誰もが行動できる時期であり、そのなかで社会はしだいにおのずと形成されてゆくのである」。良識に富んで分別があり、知的かつ意を尽くした協議をつうじて自己責任を果たす人類に、新たな夜明けが訪れるのだろうか。まるで闘争は、善良な人間本性を浮かび上がらせるにとどまるかのようである——まさしく闘争の条件こそが**そうした人間本性を生産する**にもかかわらず。市民社会の礼讃は、われわれがついに保護者——国家——を必要としなくなる成年期への理想的な移行を、グローバルな規模で再演してみせているにすぎない。保護者はもう必要ない、なぜなら**われわれはやっと分別がつくようになった**のだから。ようやく自分自身を統治するにふさわしい大人になったのだから。このくどくどしい言い回しには、「大人になれ」という説教につきものの陰鬱なもののすべてが援用されている。退屈きわまりないある種の分別くささ、過剰に演出された親切心、子供にみなぎっているいきいきとした情動——遊びやコンフリクトへの性向——の抑圧。根本的な誤りはおそらく以下の点にある。市民社会の信奉者はすくなくともロック以来ずっと、統治の腐敗や怠慢によってもたらされる苦役を「政治」と同一視してきた——社会の土台は歴史をもたない自然であるのだから、と。すると歴史とは、不満のない社会本来の姿への回帰を遅らせる錯誤とでたらめの連続でしかなくなってしまうだろう。「社会に参入する人間が追い求める最大の目的は、なんの心配もなく平穏に自分の所有物を享受することである」。それゆえ、「社会」の名のもとに統治に抗して闘う人々は、いかにラディカルな主張をかかげようとも結局は、歴史や政治的なものを終わらせたいとのぞむことしかできない。歴史や政治的なものを、すなわちコンフリクトの可能性を、したがって**活力ある**生を。

われわれはまったく別の前提から出発しよう。「自然」が存在しないのと同様、「社会」もまた存在しない、という仮説から。人間ひとりひとりにとって親しい世界を織りなしている非人間的なものいっさいから人間を引きちぎってしまい、そうして自分自身の一部から切断された人間を「社会」の名のもとにまとめあげる。かかる醜悪な光景がうんざりするほどくりかえされてきた。ヨーロッパのいたるところに、危機からの国家的な解決策を提案する「コミュニスト」や社会主義者がいる。ユーロ通貨から離脱し、均質で秩序だったうるわしい全体性を限られた範囲内で再建するというのがかれらのとなえる解決策である。自分自身の一部を切断されたかれらは、いつまでも幻肢の感覚につきまとわれる。うるわしく秩序だった全体性というのなら、つねに優位にことをはこぶのはファシストの連中だろう。

ゆえに社会は存在しない。**諸世界**が存在するのである。社会に抗する戦争も存在しない。フィクション相手に戦争をまじえるとは、それを実体化させてしまうやり方にほかならない。われわれの頭上には社会などない。ただわれわれが存在するだけである。われわれがいままさに経験している絆と友情と敵意、実質的な近さと隔たりのすべてが存在するだけである。諸々のわれわれ、時間と空間のなかにしっかりと位置づけられた諸々の力量、自己解体と自己再生をくりかえす社会という残骸のただなかで分裂を拡大させてゆくその力量だけが。諸世界がひしめきあっている。ひとつの世界は多数の世界からなり、引力と斥力と抗争性につらぬかれている。ひとつの世界を構成するということは、ひとつの秩序をねりあげること、それぞれの事物、存在、性向にそれぞれの場所をもうけること、ないしはもうけないこと、その場所について思考し、必要に応じてそれを変えることである。広場占拠や暴動の波やタギングされた壊乱的フレーズをつうじてわれわれの党が出現するたびに、われわれが一度も訪れたことのないあれらすべての場所で問題になっているのは間違いなく「われわれ」自身なのだという感情が拡散する。だから革命派の最初の責務とは、自分たちが構成している諸世界をはぐくむことなのである。サパティスタたちが証明してみせたように、各世界が固有の場所をそなえていることは、各世界が全般的状況にアクセスするさまたげとなるどころか、むしろそうしたアクセスをかなえることである。ある詩人はいう。普遍的なもの、それは壁をとりはらった場《ローカル》である、と。だが、普遍的なものというよりはむしろ普遍化の能力が存在するのであり、その能力は、世界各地でなされている実験をそれ自体において深化させ、強化するなかから発現するものである。われわれが構築しつつあるものへの配慮と、われわれが政治的に行使する威力のいずれかを択ぶ必要はない。われわれの戦力は、われわれの生そのものの強度によって、そこから湧出する喜びによって、そこで案出される諸々の表現様式によって、われわれの力をあかしだてる試練を耐えぬく集団的力能によってつくられる。社会的諸関係が全般的に稀薄化するなかで、革命派は、みずからが生きている濃密な思考と充実した情動、繊細きわまりない手つきと強度的な組織によってみずからを突出させなければならない。分派への性向や根拠のない頑迷さ、あるいはラディカリズムという妄想の惨憺たる競い合いによってではなく。イデオロギーの貫徹ではなく**事象にそそぐ注意**によって、感覚的質によってこそ、革命派は真の力能へと生成するにいたるだろう。

無理解、性急さ、そして怠惰、これらこそが敵である。

抵抗するものこそが現実である。

Poitiers, baptistère Saint-Jean,10 octobre 2009

オムニア・スント・コムニア

一　コミューンの回帰について
二　革命派として住まう
三　経済を打倒する
四　共有された力能に参入する

一

筋金入りのリベラルとして知られるエジプト人作家は、いまや過去となった感のあるタハリール広場の占拠当初にこう書いている。「わたしがタハリール広場で目撃したのは新しい人間たちだった。日々接してきた人々とはもはや似ても似つかない。あたかも革命が上質のエジプト人を創造したかのようだった。［……］エジプト人を恐怖から解放した革命は同時に、社会的な悪癖をもとりのぞいたかのようだった。［……］タハリール広場はパリ・コミューンを彷彿とさせるものになっていた。体制の権威は崩壊し、人々の権威がとってかわっていた。トイレやシャワー室の設置をになう委員会から清掃委員会まで、あらゆるたぐいの委員会が立ち上がった。ボランティアの医師たちによって野戦病院がいくつも設営された」。オークランドでは、オキュパイ運動が「オークランド・コミューン」を名乗ってオスカー・グラント広場を占拠した。イスタンブールでは、タクシム広場に誕生しつつあるものを名指すにあたって、当初から「タクシム・コミューン」以上にふさわしい名前は見当たらなかった。革命とは、おそらくいつの日かタクシムが到達するだろうものではなく、いまここに存在しわきたつ内在性にほかならないことをしめす命法である。二〇一二年九月、ナイル河口の人口三〇〇〇人ほどの貧村タセンがエジプト国家からの独立を宣言する。「われわれは今後税金を支払わない。学校にも支払わない。わわれわれは自分たちで学校をつくる。自分たちの手でゴミ処理や道路整備をおこなうだろう。われわれを支援する以外の目的で村に足を踏み入れる国家の役人はひとりのこらず追い出されるだろう」。そうタセンの住人は語っている。一九八〇年代初頭、オアハカの高地に暮らす先住民は、自分たちの生の形態の独自性を表明するにあたって「コミュナリティ」という観念にたどりついた。かれらにとって、コミューン的状態で存在するということは、かれらの伝統的バックグラウンドの精髄の発露であると同時に、「諸民族の倫理的再興」をめざして資本主義と敵対することを意味する。近年では、PKK(クルディスタン労働者党)がマレイ・ブクチン流のリバタリアン・コミューン主義へと転向し、クルド国家の建設よりもむしろ諸コミューンの連合を標榜する光景さえみられた。

コミューンは死滅していないばかりではない。コミューンは回帰している。時をえらばず偶然に回帰しているわけではない。コミューンは、歴史的諸力としての国家とブルジョワジーが消滅しつつあるまさにこの時に回帰しているのである。そもそも、十一世紀から十三世紀にかけてフランスを揺るがしたコミューン反乱の激動を終わらせたのが、ほかならぬ国家とブルジョワジーの台頭だった。したがって、コミューンは自由都市ではないし、自己統治の諸制度をそなえたコレクティヴでもない。コミューンがあれこれの権威に承認されることがあったにせよ——たいていは激化した戦闘の後に——そうした承認はコミューンの存続にとって不可欠ではない。コミューンは憲章をもたないことさえあるし、あったとしてもそれがなんらかの政治や行政機関を制定することはごく稀である。市長や村長を擁することもそうでないこともある。コミューンを成立させるもの、それは、ひとつの都市ないし農村の住民たちが交わす、**共に在りつづける**という相互の宣誓にほかならない。十一世紀フランスの動乱のなかにあってコミューンとは、相互扶助を誓い、たがいの配慮にたずさわり、あらゆる圧制者からの自己防衛をになうことである。それは文字どおりの「盟約・誓願（conjuratio）」であり、コミューンにまつわるこの誓願行為は、それを葬り去ろうとした後の王政下の法学者によって陰謀という意味が付されなければ、なおも栄光をとどめていただろう。ある忘れられた歴史家はこう要約している。「宣誓による結成なしにコミューンは存在しなかったが、コミューンが存在するためにはそのような行為があれば充分だった。コミューンは共同の宣誓とまったくの同義だった」。コミューンとはつまり、共に世界と対峙していこうと交わされる協定であり、自分たちの力を自分たちの自由の源とすることである。目指されているのはなんらかの実体ではなく、**関係の質**、**世界内を生きる一流儀**である。かかる協定は、ブルジョワジーによるありとあらゆる公職と富の独占、そして国家のヘゲモニーの発揚とともに内破せざるをえなかった。その後、中世コミューンの起源にあった意味合いはながらく見失われることになるが、定かならぬ経緯をへて、一八七一年のパリ・コミューン国民軍の分派によってふたたびみいだされる。以来、周期的に再浮上するのはこの意味におけるコミューンである。ソヴィエトのコミューン運動

──いまでは忘れ去られたボルシェビキ革命の急先鋒であり、スターリン派の官僚がボルシェビキ派の粛清を決定するまでつづいた──を筆頭に、一九八〇年の韓国光州におけるコミューンやヒューイ・P・ニュートンの「革命的インターコミュナリズム」にいたるまで。コミューンを宣言すること、それは、そのたびごとに歴史的時間を蝶番からはずし、延々とつづく絶望的な服従や日々の不毛なつらなり、生き残りをかけた各人の陰鬱な悪戦苦闘に風穴をあけることである。コミューンの宣言、それは**たがいに結ばれること**への同意である。宣言をさかいにすべては変わるだろう。

二

グスタフ・ランダウアーは述べている。「コミューンとしての生は、空間に即した唯一の組成しかもたない。コミューンと諸コミューンの連合という組成である。コミューンの境界は柔軟にできている(たとえば、不釣り合いなものはおのずと締め出されるが、非理性的なものや時宜を得ないものは特殊ケースとしてかならずしも排除されない)。その境界は、ある場所がおのずと終わるところを定めているのである」。政治的現実はなによりも空間的でありえる。このことは近代的悟性をいささか狼狽させる。というのも一方でわれわれは、左右のポジションとそれに応じて言説が配置された抽象的次元として政治をとらえるのを習わしとしてきたからであり、他方で、われわれが近代から継承している空間概念は、事物や人や風景がおさめられた画一的で測定可能な、空虚な延長といったものだからである。だが、感覚世界はそうしたものとしてはわれわれに与えられていない。空間はニュートラルではない。人や物は幾何学的な位置を占めているのではなく、場と相互作用の状態にある。場所というものはすべて否応なく諸々の物語や習わしや感情で満たされているのである。コミューンはみずからに固有の場所から世界に攻撃を仕掛ける。コミューンは行政上の実体でも、地理学上のたんなる切り抜きでもない。むしろ、領土に刻み込まれた共有の度合いの表現なのである。それによってコミューンは、いかなる参謀部といえども地図化しえない深みの次元を領土にもたせる。コミューンの存在自体が条理空間の破壊であり、いっさいの「国土整備」のもくろみの座礁なのである。

コミューン的領土が身体的なのは、それが実存にかかわるからである。占領軍は空間を「クラスタ」の断続的な組織網ととらえ、様々な「ブランディング」によって多様性を演出するが、コミューンはみずからを世界の包括的秩序からの具体的な場所をそなえた断絶とみなす。コミューンはみずからの領土に住まう。すなわちコミューンは、領土が住居や避難所を提供してくれるのに応じて自身の領土を形成していくのである。コミューンはその領土上で必要な関係を織りなし、自身の記憶を糧にはぐくまれ、大地に意味や言語をみいだす。メキシコで、自身の政治の主要原理として「コミュナリティ」を主張するあるインディオの人類学者はコミューン連合のAyuujkについてこう述べている。「共同体は、najx（大地）やkajp（人民）といった語をとおして、身体的なものとして描き出される。najx（大地）はkajp（人民）を可能とし、kajp（人民）はnajx（大地）に意味を付与するのである」。強度的に住まわれた領土はついにそれ自体がそこで生きられることがらの肯定、表明、表現となる。このことは、住民と神々との関係が地図上に明示されたボロロ族の集落に見受けられるし、広場占拠や暴動の後に咲き乱れるタグのように、下層民が都市空間にふたたび住みはじめるモメントのすべてにおいても見受けられる。

コミューンは領土によって身体を獲得し、自身の声をみいだす。つまり、現前にいたるのである。「領土とは、われわれの生活空間にして、夜空に見上げる星々である。暑さや寒さにして、水や砂や小石や森である。われわれの生存や労働の様式にして、われわれの音楽、**われわれの話法**である」とナワ族のあるインディオは述べている。かれは二〇〇〇年代末に、ミチョアカン州の小地主の一味によって独占されていたオストゥラの共有地を武装して奪回し、San Diego Xayakalanという自治コミューンの創設を宣言したコムネロスのひとりである。どんな生存もいささかなりとも世界とかかわっている以上、おのれを刻みつける大地を必要とする——大地、それがセーヌ・サン・ドニだろうと、オーストラリア先住民の土地だろうと。住まうとは、大地におのれを刻みつけ、大地におのれを語りかけさえする行為である。地誌学（géo-graphie）という語はなおもそうした意味をとどめている。コミューンにとっての領土は、意味にとっての語にひとしい――コミューンにとって領土はけっしてたんなる手段ではないのである。コミューンが際限のない商品空間と根本的に対立するのはこの点である。つまりコミューンの領土は、コミューンの意味を唯一あきらかにする粘土板であり、ひとにぎりの都市開発の専門家によって巧妙にわりふられた生産諸機能をそなえたたんなる延長ではない。住まわれた土地と経済活動の領域のあいだには、日記と手帳ほどのへだたりがある。日記と手帳ではインクや紙の使用法がまったく異なるように、大地の使用法がまったく異なるのである。

どんなコミューンも共に世界に立ち向かう決断であるがゆえに、コミューンはその中心に世界を据える。コミュナリティのある理論家によれば、コミューンは「先住民の生存と霊性に内在している。かれらの生存と霊性を特徴づけているもの、それは相互性、集団性、血族関係、原始的忠誠、連帯、相互扶助、テキオ〔公共労役制度〕、集会、コンセンサス、コミュニケーション、水平性、自給自足、領土の防衛、自律、そして母なる大地への敬意である」。付言しておけば、かかる理論化は時代との対決によってこそ要請されてきたものである。権力のインフラから自律する必要性は、自給自足への無時代的な希求などではなく、自律をつうじて獲得される政治的自由からでてくる。コミューンはみずからについて語るだけでは満足しない。コミューンが身体の獲得をつうじて明確にしようとするのは、アイデンティティや自身をめぐる観念ではなく、生をめぐる観念である。そもそもコミューンは、外部環境を取り入れずには生きられない有機体のように、その外部からしか発展しえない。コミューンは、成長を期すればこそ自分以外のものを糧とするほかはない。外部との関係を断ったとたんにコミューンは衰弱し、たがいをむさぼりあい、引き裂きあって無気力状態におちいるか、「社会的カニバリズム」にのみこまれてしまうのである。「社会的カニバリズム」とはギリシャ人が自国全体を指していう言葉であるが、かれらはまさしく世界からの孤立を感じているのである。コミューンにとっては力能の拡充と外部との関係への配慮のあいだに相違はない。歴史的にみると、一八七一年にパリのみならず、リモージュ、ペリグー、リヨン、マルセイユ、グルノーブル、ル＝クルーゾ、サンテチエンヌ、ルーアンの各地で成立したコミューンにしても、また中世のコミューンにしても、孤立はまぬがれなかった。一八七一年、ひとたび地方が鎮定されれば、ティエールは存分にパリのプロレタリア弾圧をおこなえたように、タクシム広場占拠のさいのトルコ警察の主たる戦略もまた、ガジやベシクタシュといった物騒な街区やボスポラス海峡対岸のアナトリア人街区から押し寄せてくるデモ隊がタクシム広場に結集し、そこが結節点になるのを阻止することだった。それゆえコミューンは以下のようなパラドクスに直面している。コミューンは、一方では「グローバルな秩序」とは異質な領土的現実を存立させねばならないが、他方ではローカルな諸存立間で関係を生起させ、確立せねばならないのである。コミューンはみずからを構成する根づきからわが身を引きはなさなければならない。これらふたつの目標のうちどちらかが達成されない場合、コミューンはみずからの領土で被嚢化し、除々に孤立し消滅してしまうか、あるいは土地をもたない遊牧民と化し、みずからが横断する状況との関係を失って、行く先々で不信感しか呼びおこさないようになる。後者は一九三四年の長征で起こったことであり、それによって三分の二の闘士が落命したのだった。

三

コミューンの生きた核心をなすのはまさしくコミューンを逃れるもの、コミューンを横断しつつもコミューンがけっして領有しえないものである。そもそもローマ法における「共なる物(res communes)」がすでにそうした性質のものだった。海洋や大気や神殿といった「共なる物」は、そのものとしては領有しえない。数リットルの海水や浜辺の一区画、あるいは神殿の数個の石なら専有できても、海それ自体を、一聖地をまるごと我有化することはできない。逆説的にも、「共なる物(res communes)」は「物(res)」への変質、すなわち物象化にあらがう。それは民法を逃れるものの民法による命名である。共同で使用されるものは法律上のカテゴリーに還元されないのである。「コモン」の典型は言語である。ひとは言語の**おかげで**、あるいは言語をつうじて表現できるが、言語を所有することはけっしてできない。言語は**使用する**ことしかできない。

近年、「コモンズ」をめぐる新たな理論化がエコノミストたちのあいだで流行している。いわく「コモンズ」とは、市場による評価がほとんど通用しない事物すべてを指しており、「コモンズ」なしには市場そのものが機能しない。たとえばそれは、環境、心身の健康、海洋、教育、文化、五大湖などであるが、大規模インフラ（高速道路やインターネット、電話回線や下水道網のたぐい）もまたそうだという。地球の状態を案じつつ、より円滑な市場の機能にも腐心するそれらエコノミストによれば、かかる「コモンズ」のために、市場だけに立脚するのではない新しい「ガバナンス」のあり方を発明する必要がある。『コモンズを統治する』とは二〇〇九年にノーベル経済学賞を受賞したエリノア・オストロムによる近年のベストセラー本の題名であるが、そこでは「コモンズを運用する」ための八つの原則が定義されている。いまだそのすべてが発案段階にあるという「コモンズのアドミニストレーション」においてになうべき役割があると考えたネグリとその一味は、完璧にリベラルなその理論を自家薬籠中のものにした。そればかりか、やつらはコモンという観念を資本主義による全生産物にまで拡大する。いわく、資本の生産物とはつまるところ人間の協働の産物にほかならないのだから、その生産物を「コモンの民主主義」――得体のしれない代物である――をつうじて領有するだけでよいはずだ、と。あいかわらず浅薄な万年活動家たちはいそいそとやつらに足並みをそろえる。いまやかれらはこぞって「健康、住居、移民、ケア労働、教育、繊維産業での労働条件、等々」がいずれも領有すべき「コモンズ」だと主張している。やがて原発はもちろん、NSAさえも自主管理を要求しはじめるのだろう——インターネットは万人のものだといいながら。他方で幾分かは洗練された理論家たちはというと、コモンを西洋という魔法の帽子から取り出された最新の形而上学的原理に仕立てあげようとしている。かれらによれば、コモンとは「アルケー」である。なぜならそれは、「あらゆる政治活動を秩序立て、指揮し、規定する」という意味で、制度や世界統治の新形態を生みだす新しい「はじまり」だからである。これらがことごとく盛り上がりに欠けるのは、革命の名のもとに、プルードンの譫妄や第二インターナショナルの陰鬱な空想を着想源とする、ヒトやモノの管理経営にとらわれた世界しか想像できていないからである。今日のコミューンはなんらかの「コモン」へのアクセスや管理を要求しているのではない。コミューンは即座に共同的な生の形態を実現する。コミューンは「世界」をはじめとする我有化しえないものとの**共なる関係**をねりあげるのである。

たとえ新種の官僚どもがかかる「コモンズ」を手中におさめたとしても、われわれの生を挫くものの実質はなにも変わらないだろう。メトロポリスにおける**社会的**生活のすべては、われわれの士気喪失をはかる壮大な謀略のように進行している。商品システムの全体的組織によって、誰もが生存の全側面で

捕縛されている。あれこれの政治組織に加わって活動することもできるだろうし、その「仲間たち」とつれだって遊びに出かけることもできるだろう。だが、所詮は誰もが自分の体裁をとりつくろうばかりで、それ以外のやり方があり得るとはつゆほども信じられない。**この生を**疑わなくさせている偽りの自明性はしかしながら、真実の出逢いと呼びうるもののすべてによって、占拠、ストライキ、反抗のエピソードといった運動のすべてによって風穴をあけられる。それらすべてが、悦びと豊かさを秘めた**共同的な生**《ヴィ・コミューヌ》が可能であり、かつ望ましいとつげるからである。ときには、万事が結託してわれわれの確信をおぼつかなくさせるかのようであり、他の生の形態の数々——絶滅してしまったものもいままさに根絶されそうなものも——の痕跡さえ消し去ろうとしているかのようにも思えてくる。船を操舵する絶望者たちは、自分たちよりもニヒルではない乗客がいるのをなによりも恐れている。じっさい、この世界への全的な依存をつくりだす、この世界の組織化のすべては、可能なる他の生の形態すべてにたいする日々の否認にほかならない。

社会のニスが剥落するにつれて、力として自己構成すべきであるという喫緊性がひそかに、だがいちじるしく拡まっていく。「広場の運動」沈静後の多くの都市で、ストライキ闘争委員会や地区単位の集会、追い出しの阻止をかかげる相互扶助ネットワークが続々とあらわれてきた。のみならず、あらゆるたぐいの協同組合——生産協同組合や消費協同組合をはじめとして、住居、教育、信用組合、さらには生活を全面的にサポートするという「一体型協同組合」まで――が開花したのである。かかる増殖とともに、それまで周縁的だった多種多様な実践が、それらをいわば専売特許としてきたラディカルのゲットーをこえて拡散していった。雑多な人々が取り組むなかで、そうした実践が似たりよったりの少人数の業界のものだという息苦しさは緩和される。その結果、それらの実践はかつてないほどの熱意と有効性を発揮している。カネの必要性に共同で立ち向かい、カネを工面するため、あるいはカネなしで済ませるために自己組織化する。とはいえ、協働での家具製作や機械工房は、共有された手段として構想されずにそれ自体が目的化してしまえば、賃労働と同じ苦役になってしまうだろう。コミューンが全能性への野心を否認しなければ、どんな経済的実体も死は必至である――そもそも**すでに**死んでいる。したがってコミューンとは、あらゆる経済共同体を交流させ、それらをつらぬいて横溢していくものなのであり、コミューンとは、いずれかの共同体が自己中心化するのをさまたげる紐帯なのである。二〇世紀初頭のバルセロナ労働運動を織りなしていた倫理的素地は、現在進行中の諸々の実験の指針となるかもしれない。その運動の革命性をなしていたのは、アナキストたちのリバタリアン流派でもなければ、CNT－FAIの文字をひそかに硬貨に刻みつけていた小経営者でもない。分派の組合でも労働者協同組合でもピストレロの集団でもない。それらすべての**連結**こそ、それらすべての**あいだで**開花していた生こそが革命的だったのであり、革命性はどれかひとつの活動や実体に帰せられるものではない。それこそバルセロナ労働運動における難攻不落の基盤だったのである。じっさい注目すべきことに、一九三六年七月の蜂起にさいして、アナキスト運動の構成要素すべてを戦闘的に連結できたのは「ノソートロス」のグループだけだった。このグループは「アナルコ・ボルシェヴィズム」の嫌疑から一カ月前に人民裁判にかけられ、FAIから実質上の除名処分をこうむった周縁的徒党であった。

「危機」にみまわれたヨーロッパの多くの諸国に一斉に回帰しているのは、社会連帯経済であり、それにともなう協同組合主義や相互扶助主義のイデオロギーである。社会連帯経済が「資本主義のオルタナティヴ」になりえると広く信じられるようになっているのである。われわれにはそれが、闘争を解消し、**コミューン**を回避するためのものにしかみえない。それが腑に落ちないというのなら、社会連帯経済がとりわけここ二〇年の南米で、政治的な鎮定の技法として意図的に利用されてきた経緯をいささかなりとも検討してみればよい。発展途上の「第三世界」の国々を援助するというご立派なプロジェクトを一九六〇年代に打ち出したのは、対蜂起の卓越した頭脳というべきロバート・マクナマラであった。一九六一年から一九六八年までアメリカ合衆国国防長官をつとめ、ヴェトナム戦争と枯葉剤と爆撃作戦ローリング・サンダーで知られる人物である。その経済的プロジェクトの本質にあるのは経済とはまったくかかわりのないひとえに政治的なものであって、原理は単純である。アメリカ合衆国の「安全」を確保するため、したがって共産主義の蜂起の数々を制圧するためには、蜂起の側から最良の大義を奪ってしまえばよい。大義とはすなわち極度の貧困である。貧困がなければ蜂起は起こらない。これぞ究極のダヴィッド・ガリュラ方式である。一九六八年にマクナマラは述べている。「共和国の安全はもっぱら軍事力に依拠しているだけではない。その安全は、わが国においても世界中の発展途上諸国においても、経済と政治の安定したシステムをねりあげられるか否かにかかっているのである」。かかる展望に依拠するなら、いわゆる「貧困撲滅」にはいくつかのメリットがある。まず、それによって真の問題が貧困ではなく富であること――ひとにぎりの者だけが権力や主要な生産手段を牛耳っている事実――を隠蔽することができる。ついで、貧困を政治上の与件ではなく、社会工学の問いにしてしまえる。一九七〇年代以降、世界銀行の介入の試みがほぼすべて失敗してきたことをせせら笑う者は、それらの介入がたいてい**真の目的にかんしていえば**まぎれもない成功だったことに気づくべきだろう。真の目的とはすなわち蜂起を未然にふせぐことである。かかる攻勢は一九九四年までつづく。

一九九四年とは、メキシコで、北米自由貿易協定の当然の帰結として生じるだろう社会の粗暴な脱構造化の影響を緩和すべく、一七万にのぼるローカルな「連帯委員会」を基盤として立ち上がったPRONASOL（全国連帯計画）がサパティスタの蜂起へといたる年である。以来、世界銀行がなにかにつけて引き合いにだすのは、協同組合に共済組合、そして「自律の強化と貧者のエンパワーメント」（二〇〇一年の世界銀行のレポート）としてのマイクロクレジット、すなわち社会連帯経済である。同レポートにはこう読まれる。「貧困層をローカルな諸組織へと積極的に動員すること。そうすれば、貧困層は国家の諸制度の調査手段となり、地域単位の決定作成プロセスに参画するようになるのであり、かくして日常生活上での法の優位を確保する協力者となるのである」。こう理解すべきである。すなわち、われわれの組織網からローカルな指導者を選出して反体制グループを無力化すること、「人的資本」を価値化して、商品流通経路を周縁的ながらも逸脱していたものすべてをそこに組み込んでしまうこと。数万もの協同組合や自主管理下の工場群の「アルゼンチン就労プログラム」への統合は、クリスティーナ・キルチネルによる対蜂起作戦の傑作というべきであり、二〇〇一年の蜂起にたいする熟慮の末の応答である。連帯経済局をかまえるブラジルも例外ではない。二〇〇五年の時点ですでに一万五千の企業を擁していたブラジルは、ローカル資本主義のサクセスストーリーを地でいっている。ナオミ・クラインが無邪気に信じているような「市民社会の動員」や「別の経済」の発展は「ショック・ドクトリン」へのふさわしい抵抗とはなりえず、むしろその装置の一部をなしているのである。協同組合とともに、ネオリベラリズムのアルファにしてオメガである企業形態もまた拡散している。一部のギリシャ左翼のように、ここ二年のうちに自主管理された協同組合が急増したのを手放しで喜ぶことはできない。なぜなら世界銀行のほうも同様の見積もりをだし、同様の満足感をおぼえているからである。社会や連帯を崇拝してやまない周縁的経済区域の存在のおかげで、政治＝経済権力の集中化はいかなる場合でも疑問視されないうえに、再検討の試みはいっさいはねつけられてしまう。かかる緩衝装置の背後で、ギリシャの船主たる同国の軍部や大企業は平常通りの営業をつづけることができる。わずかばかりのナショナリズムといくばくかの社会連帯経済さえあれば、蜂起はいつまでもぐずついているだろう、と。

経済が「行動科学」の肩書を、さらには「応用心理学」の肩書さえも要求しうるようになるには、経済的存在、すなわち必要にかられた存在をこの地上に増殖させなければならなかった。必要の存在、困窮した人間というのは自然の存在ではない。長いあいだ、生の流儀はあっても必要は存在しなかった。人々はこの世界の一部を住処とし、衣食住や気晴らしのすべをわきまえていた。必要というのは、人間が世界から引きはなされた結果もたらされた歴史的産物である。略奪、接収、エンクロージャー、植民地化——世界からの引きはなしがどのようなかたちをとるかは重要ではない。必要とは、経済が人間から剥奪した世界とひきかえに、人間に与えたものにほかならない。そこがわれわれの出生地なのであり、そのことを否定してもはじまらないだろう。ところで、コミューンが諸々の必要に責任を負うとしても、それは自給自足への経済上の関心からではない。なぜなら、この世界への経済的依存こそが、はてしない堕落の政治的かつ実存的な要因となっているからである。コミューンは、**われわれの内なる必要の存在を消滅させるために**必要に応じる。そのためのコミューンの基本的な所作とは、欠乏が生じるたびに、欠乏が抱かれた場所で、欠乏を解消する手立てを講じるというものである。「家が必要」と感じている数名のグループがあれば、家を一軒建ててやるだけでなく、誰もが手っ取りばやく家の建築にとりかかれるようアトリエを開設する。集まって長話をしたり盛大に飲み食いをする場所が必要だと感じるならば、そのための場所を占拠するなり建築するなりして「コミューンの成員ではない」人々も使用できるようにする。したがって問われているのは豊かさではなく、必要の消失であり、世界にたった独りで立ち向かわなければならないという意識を解消しうる集団的力能への参加なのである。そのためには運動の陶酔だけでは充分ではなく、豊富な**手段**をそなえていなければならない。たとえば、テッサロニキのVio-Me工場は労働者たちの手によって近ごろ操業が再開されたが、この試みは、その着想源でありながらおおよそ無残な結果に終わったアルゼンチンの工場自主管理の試みと区別される必要がある。なぜなら、Vio-Me工場の占拠はギリシャの「運動」のすべての要素に支えられた当然の政治的攻撃として構想されたのであって、たんなるオルタナティヴ経済の企てではないからである。工場はもとはタイル張り用のジョイントをつくっていたが、機械を転用して消毒用ジェルの製造にきりかえ、「運動」が設営した診療所に主として製品を配布した。ここでは、運動の幾多の側面の**あいだで**呼応する共鳴《エコー》こそがコミューン的である。コミューンが「生産する」にせよ、たまたまそうするだけである。コミューンがわれわれの「必要」を充たすにせよ、いわば余剰として、共同的生の欲望の余剰としてでしかないのであり、生産や必要が目的化することはない。コミューンは、この世界への公然たる攻撃のさなかで、みずからの発展にとって不可欠な同盟コミューンをみいだすだろう。諸コミューンの成長は経済にとっての正真正銘の危機であり、確実な脱成長はこれをおいてほかにはない。

四

コミューンはどんな状況、どんな「問題」からでも形成されうる。内戦と革命の月日をへて、ＡＭＯ工場の労働者たちがボルシェビキの先駆的コミューン派としてソ連初のコミューン・ハウスを開設したのは、ヴァカンスに出かける場所がどこにもなかったからである。一九三〇年にあるコミューン闘士はこうつづっている。「共同ダーチャの屋根を秋の長雨がたたく音を聞きながら、ある決断がくだされる。われわれの実験を冬のあいだも継続しよう、と」。コミューンの誕生に特権的な出発点がないのは、時代に参入するための特権的な入り口がないのと同じである。どんな状況も一貫したやり方でコミットしさえすれば、その状況はわれわれをこの世界へ、この世界の耐えがたさへ、その裂け目や開口部へとたちもどらせる。実存の細部という細部で、生の形態がまるごと問われているのである。コミューンの対象は結局のところ世界にほかならないのだから、われわれはコミューン結成へとみちびいた出会いの

きっかけにすぎない問題なり状況なり任務なりに完全に捕われたままになっていないかどうか、つねに案ずるべきである。コミューンの拡充のさなかで、共にあることへの欲望やそこから派生した力能がコミューン結成をもたらした当初の理由から逸脱するとき、コミューンは健全な領域へと移行をとげたことになる。

街頭に由来するにせよ、最近の諸蜂起が教えてくれたのは、いまや世界中に広まったガスマスク——完全に呼吸不能となった現代のシンボル——の使用や暴動の技法ばかりでない。蜂起はわれわれに歓喜への手ほどきをしてくれた。それは政治的教育と呼びうるものすべてと同じだけの価値がある。最近では、頭を刈りあげたベルサイユのゲス野郎ですら無届デモや警察との衝突に興味をもちはじめている。暴動や占拠といった火急的状況が生じるたびに、それらが当初かかげていた要求や戦略や希望以上のものがもたらされた。六〇〇本の木が伐採されるのを阻止すべくタクシム広場に集まった人々は、最終的に守るべきもうひとつのものをみいだした。一〇年にわたる政治的去勢、コレクティブの組織化を匂わせるものすべての予防的な分断のはてにみいだされたのは、力能の母体かつ表現としての広場それ自体である。

タハリール広場やプエルタ・デル・ソル広場の占拠、アメリカのいくつかのオキュパイ運動、あるいはヴァッレ・ディ・スーザのラ・マッダレーナで成立した自由共和国の忘れがたい四〇日。これらの出来事にみられるコミューン的要素とは、全体化不可能な多くの平面で自己組織化が可能だという発見である。われわれは、共なる力能に参入し、それをいままさに実験しつつあるというどう形容してよいかわからない感情、一過的でありながら不滅の感情に陶然となった。それが不滅だというのは、各瞬間を、それぞれのみぶりを、ひとつひとつの出逢いを輝かせていた歓喜が奪い去られることなど**けっして**ないからである。いったい誰が千人分の食事をつくったのか？　誰がラジオを放送し、誰が声明文を書いたのか？　警察めがけて投石したのは誰か？　家を建てたのは？　木を伐ったのは？　いま集会で発言しているのは誰か？　そんなことはわからないし、どうでもよい。あるスペイン人のブルームが述べたように、それらすべては**名もなき力**である。かれははからずもその観念を十四世紀の自由心霊派という異端者に負っている。経済の名で呼ばれる打算や尺度や評価をつかさどるさもしい会計士的心性のすべて――アトリエから恋愛の場面まで、そこかしこで出くわすルサンチマンの徴候――にけりをつけることができるのは、われわれの営為、われわれの生存が共なる力や霊性や豊穣に属するという感覚ただそれのみによってである。シンタグマ広場に長く寝泊まりしていたある友人は、運動が国会議事堂に放火し、同国の経済を長期にわたって崩壊させていたなら、どうやってギリシャ人は食糧の確保を組織しえただろうかというわれわれの質問に驚いてこう答えた。「これまで一千万もの人間が飢死などせず生きてこられたんだ。あちこちで小競りあいが起こるだろうが、その程度の混乱は、日常を支配する混乱にくらべたらとるにたらないものだっただろうね」と。
　コミューンの直面する**状況**に全力でとりくむなら、そこに持ち込むものやそこで探求されるもの以上の何かがつねにみいだされる。これこそコミューンが対峙する状況の特性にほかならない。われわれはコミューンのうちに、それまで知らなかったみずからの胆力や耐久力や創意性を、そして例外状況のうちに戦略的かつ日常生活的に住まうことの幸福を驚きとともにみいだすだろう。かかる意味において、**コミューンとは豊穣性の組織化である**。コミューンは要求以上のものを生みだす。これこそが、イスタンブール中の広場や大通りにくりだした群集が感じとった衝撃を**不可逆的に**しているものである。何週にもわたって食糧確保や建設作業、ケアや葬儀や武器供給といった重大な問題を自分たちで解決しなければならなかった群集は、たんに自己組織化の方法を学んだだけではない。かれらは、その大部分がかつて知らずにいたことを知りえたのである。すなわち、自己組織化**できる**という力能の本質的な悦ばしさを。かかる街路の豊穣性が、「公共空間の奪還」を標榜する解説者きどりの民主主義者たちの誰からも言及されずにきたという事実それ自体、ことの危険性をはっきりと物語っている。あれらの日々、あれらの夜の記憶はメトロポリスの秩序立った日常性をいっそう耐えがたいものとして浮かび上がらせ、その虚栄を曝きだす。

Syrte, octobre 2011

今日のリビア、明日のウォールストリート

一　十五年の歴史
二　ローカルなものの引力から身をひきはなす
三　組織化ではない力をつくりあげる
四　力能をはぐくむ

一

二〇一一年七月三日、ラ・マッダレーナの排除にたいして、数万人がデモに合流して軍と警察の占拠する建設現場へとむかっていった。その日ヴァッレ・ディ・スーザでくりひろげられたのは、まぎれもない戦闘だった。ひとりのやや無鉄砲な憲兵は、森《ボスキ》でデモ隊につかまり武器をとりあげられる。理容師や老婦人もふくめて、ほとんど全員がガスマスクを着用していた。年老いてデモに参加できない人々も、家の戸口でわれわれに声をかける。「Ammazzateli!」――「やつらをやっちまえ!」建設現場を占拠する勢力を立ち退かせることはついにかなわなかったが、翌日のイタリアの新聞はどれも警察のウソをたれながすことになる。「胃薬とアンモニア、ブラック・ブロックのゲリラ」などなど。こうした虚偽のプロパガンダ報道にたいして、運動の側は記者会見でつぎのように言明した。「建設現場を襲撃することがブラック・ブロック呼ばわりされるならば、われわれは全員ブラック・ブロックである」。一〇年前には、ほぼ毎日のように、御用メディアがジェノヴァ闘争についてまったく同じ説明をしていたことを想いおこそう。ブラック・ブロックという、どこから来たとも定かでないやからがデモにはいりこんで、勝手に街に火を放ち血まみれにする、と。そして公的な議論はふたつにわかれる。ひとつはデモの組織者たちの見解で、いわゆるブラック・ブロックなるものは私服警官による挑発行動にすぎないというものであり、もうひとつは、ブラック・ブロックとは外国に拠点をもつテロリスト組織であるという見解である。こうしたことからわかるのは、警察のレトリックは十年一日のごとく変わることはないが、現実の運動は、たしかに進歩しているということである。

われわれの党としては、ここ十五年間の運動について戦略的な考察をするとすれば、資本にたいする直近の組織的な攻撃である反グローバリゼーション運動の検討からはじめないわけにはいかないだろう。そのはじまりとして、一九九七年のアムステルダムでのマーストリヒト条約に反対するデモ、WTOに対抗するジュネーヴでの一九九八年五月の騒乱、一九九九年のロンドンでの「反資本カーニバル」、あるいは同年十一月のシアトルの闘争などがあげられるだろうが、起源を確定することは重要ではない。また、ジェノヴァで頂点をむかえた運動が二〇〇七年のハイリゲンダムや二〇一〇年一〇月のトロントでも依然として命脈をたもっているとみなすこともできるだろうが、そのこと自体もさして重要ではない。たしかなのは、一九九〇年代の終わりに、多国籍企業やグローバルな統治機構（IMF、世界銀行、ヨーロッパ連合、G8、NATO）を標的とする批判の運動が惑星規模で生じたということである。そして9・11を好機としたグローバルな反革命は、反グローバリゼーション運動にたいする応答であると考えてよい。ジェノヴァ以後、「西洋社会」の内部でもあらわになった亀裂は、なんとしてでも修復されなければならなかったのだろう。二〇〇八年の秋、金融システムという、資本主義システムの中心そのものであり、「反グローバリゼーション運動」による批判の特権的な標的である場所から「危機」がもたらされるが、それも当然のなりゆきというべきである。反革命というのは、勢力がどれほど強くても、諸矛盾を一時的に凍結させるだけであり、それらを完全に解消することなどできない。だからまったく同様に当然の帰結として、そこに回帰していたのは、七年間にわたってひどいやり方で抑圧されてきたものだった。ギリシャの仲間のひとりはそれをこう要約していた。「二〇〇八年十二月とは、一国全体の規模で一ヵ月にわたって起きたジェノヴァだった」。諸矛盾は氷面下で時とともに熟成されていた。

反グローバリゼーション運動は、資本にたいするプチブルジョワジーによる惑星規模の最初の痛ましくもくだらない攻撃として歴史に名をとどめるだろう。それはやがてみずからがプロレタリア化されるという直観にみちびかれていた。医者、ジャーナリスト、弁護士、芸術家、教師といったプチブルジョワジーの職能は、ストリート・メディクス、インディ・メディアのオルタナティヴなレポーター、リーガル・チーム、連帯経済の専門家というように、ことごとく活動家仕様におきかえられた。反グローバリゼーション運動ははかないものであり、その脆弱さは反サミットの暴動でもあきらかだった。警棒がふりあげられるだけで、群集は陽気にスズメが飛び立つように逃げまどった。反グローバリゼーション運動がこうしたものであるのは、それがプチブルジョワジー自身のよるべない性格と結びついているからである。プチブルジョワジーとは労働者階級と資本家階級のあいだに巣くう階級なき階級であり、歴史的には優柔不断で、政治的には何者でもない。歴史上のなけなしの現実が、政治上のなけなしの抵抗の原因なのである。だから反革命の冬のつめたい風がしばらく吹くだけで、運動が霧散してしまうには充分だった。

反グローバリゼーション運動の核心が統治のグローバルな装置にたいする批判にあったとすれば、「危機」をつうじて、そうした批判はもはや闘士や活動家だけのものではなくなったといえるだろう。かつてはあやしげな政治的生き物の仲間内だけで通用していたようなことが、いまや誰にとっても明白なものになっている。二〇〇八年の秋以後ほど、銀行を破壊することの意味がゆきわたり明白になることはなかっただろうし、だが、まさにそれゆえに、プロの活動家たちの小集団の暴動によって、それがなされることの意味がなくなってしまったこともなかった。二〇〇八年以後、反グローバリゼーション運動が現実のなかに溶解したかのように、あらゆる事態がすすんでいる。運動が消えたのは、**まさにそれが現実のものとなったからである**。その基本的な語彙であったものは、ことごとく公衆の領域にゆきわたっている。横柄な「金融の専制」、ＩＭＦの命じる構造調整の政治的機能、貪欲な資本家による「環境の収奪」、原子力ロビーの狂気の傲岸、厚顔無恥な嘘の蔓延、リーダーたちのあけすけな腐敗などについて、いったい誰がいまだに疑いをさしはさむだろうか？　新自由主義がみずからまねいた破綻にぬけぬけと同じ処方をくりかえすことに、いまだにおどろく者などいるだろうか？　いまや常識となっている確信は、一〇年前には闘士の仲間内にかぎられていたことを想いおこしておくべきである。

「人々」が反グローバリゼーション運動から奪ったものは、その運動固有の実践の領域にもおよんでいる。プエルタ・デル・ソルには、リーガル・チーム、メディカル・チーム、インフォ・ポイント、ハッカー集団があった。テントをはってキャンプもする。かつてのあらゆる反サミットのように、あらゆる「No Border」キャンプでも。スペインの首都の中心にもちこまれたのは、バリオや評議会の組織化といった集会の形態であり、さらにはそこで賛否を表明するための滑稽なみぶりのコードであるが、それらはすべて反グローバリゼーション運動に由来するものである。バルセロナでは二〇一一年六月十五日の早朝に、数千人のキャンパーたちが「緊縮案」成立の阻止のために議会の封鎖をこころみた——まさしく数年前、ＩＭＦの各国代表団が会議に出席するのをはばもうとしたことと同じである。二〇一一年のイギリスの学生運動のブック・ブロックがやったことは、かつての反サミット運動でイタリアの「白いつなぎ《トゥーテ・ビアンケ》」が実践した「社会運動」の枠組みにおさまるものである。二〇一四年二月二二日のナントの空港建設計画反対デモでは、機動力のある覆面の小集団による暴動がくりひろげられたが、そうした実践はあまりにもありふれたものとなっていたため、それを内務大臣のみならずが「ブラック・ブロック」のしわざとして語ることは、前代未聞の事態を既知のものとみなすやり方でしかなくなっていた。警察が「過激派」の行動ばかりをいいたてるところには、警察が隠蔽しようとしているラディカリズムの全般化が容易にみいだせるはずである。

二

このようにわれわれの党は遍在するが、また一時的な休止状態でもある。反グローバリゼーション運動の消失とともに、資本そのものと同様の規模でそれに抗うような惑星的な運動のパースペクティヴも失われてしまったのである。それゆえわれわれは、まずつぎのような問いに直面しているといえるだろう。現に位置づけられた力能の総体は、どのようにしてグローバルな威力になるのだろうか？　諸コミューンの総体は、どのようにして歴史的な党になるのだろうか？　あるいは別の言い方をするならば、ある程度は、げんなりするパペットマスターやお決まりの暴動、気はきいているが無意味なスローガンといった、反サミットのプロ活動家たちによる儀式めいた実践を捨てさり、諸々の生きられた領域へとみずからをつなぎとめる必要があったのだろう。そしてグローバルなものの抽象からみずからの身をひきはなす必要があったのだろう。だが、いまや問われているのは、いかにして**ローカルなものの引力**から身をひきはなすかということである。

伝統的な観点からすれば、革命の闘士たちは、共通の敵が名指されることによって、党が一枚岩になることを待ちのぞんでいる。そこからかれらにとりついている癒しがたい弁証的な欠点も生まれる。フーコーによれば「弁証法的なロジックというものは、矛盾した諸項を同質の諸項におしこめてあやつるロジックである。こうした弁証法のロジックにかわるものとして、わたしはむしろ戦略のロジックなるものを提起したい。戦略のロジックがもちいられるならば、単一の解決なるものをめざして矛盾した諸項を同質の境域におしこめてしまうこともないだろう。この戦略のロジックをつうじて、ばらばらに存在している諸項がばらばらのままで、それらのありうるべきコネクションがつくりだされる。戦略のロジックとは、異質なもののコネクションのロジックであり、矛盾したものの同質化のロジックではない」。

じっさい、共通の敵を名指すことによっては、それぞれ別個に存立している諸々の位置づけられた力能、諸々のコミューンのあいだに、いかなる現実的なつながりを打ち立てることもできないだろう。疎外、搾取、資本主義、セクシズム、レイシズム、文明、あるいは存在そのものといったように、この四〇年のあいだ闘士たちは真の敵について議論しつづけてきたが、問題がまったく解決していないのは、中身のない問いばかりで適切な問いが提起されてこなかったからである。現実を規定しているものの総体から身を引きはなして、よくわからない政治的ないし哲学的な平面に身をすえれば、たちどころになんらかの敵があらわになるわけではまったくない。そのようにして生きている現実から身をひきはなしてしまうならば、夕闇のなかであらゆる牛が黒っぽくみえるように、なにもかもが敵対的で、冷たく、かわりばえのしないものとなり、現実的なものも自分自身さえも疎遠な感覚につつまれて苦しむことになるだろう。こうして闘士たるものは、あちこちに闘争におもむくことになるのだろうが、それはつねに**空虚**の形態にたいする闘争であり、無力さをかみしめながら風車に立ち向かっていくような、**みずからの空虚**の形態にたいする闘争でもあるだろう。それにたいして、いつも訪れる場所や住んでいるところ、あるいは職場など、**誰でも自分の居場所から出発する**者にとっては、闘争の前線はおのずと立ち上がってくるものであり、試練をはらんだ**手ごたえのあるもの**となる。誰が汚いやつの味方になって動いているのか？　誰があえて危ない橋をわたるのか？　誰が信念にしたがってリスクをとるのか？　むこうはこっちがどこまでいくことをとりあえず許容するのか？　むこうは何にしりごみするのか？　むこうのうしろだては何か？　こうした判断は一枚岩のロジックからみちびきだされるものではなく、次々と変化する状況や出会いのなかで、経験そのものをつうじて答えがみいだされていく。ここでは敵は、それを名指すことで吐き出される心霊体《エクトプラズム》のようなものではない。敵とは目の前にあるものであり、自分の存在や居場所を手放すまいとするすべての者たち、みずからを抽象的な政治の領野――あの砂漠のような――に投影することを拒否するすべての者たちが直面するものである。もっともこうした敵は、争いを本能的に避けてしまわないだけの充足した生をおくる者たちの前にしかあらわれないのではあるが。

あらゆる公然たるコミューンは、その周辺に、そしてときには遠くはなれたところにまで、新しい地理学をつくりだすことをうながすものである。単一の領土しかなく、一般化された等価性の薄暗がりのなかで、あらゆるものが無差別に交換されてしまうようなのっぺりした空間しかなかったところに、新しい地理学は大地から山塊のつらなりを浮かびあがらせる。その変化にとんだ起伏のなかには、囲われた畑や切り立った頂、友であるもの同士のための人知れぬ通路、敵であるものをよせつけない断崖がある。すべてはもうかつてのようにシンプルではないが、別の意味ではシンプルであるともいえる。どのコミューンも政治的な領土のひろがりを**創造し**、その成長とともにこまやかに枝分かれしていく。こうした運動のなかで、コミューンは別のコミューンへとつうじる小道をつくりだし、われわれの党となる諸々の線や関係をつむいでいく。われわれの力は敵を名指すことから生まれるのではなく、たがいに新しい地理学のなかにはいっていこうとすることから生まれる。

世界は資本主義ブロックの手先とその敵によって分有されていたが、われわれはそうした時代の孤児である。ソヴィエトのまやかしが崩落してからは、単純な地理学的解釈の読解格子はどれも失われてしまった。いかなるイデオロギーによっても、**遠くはなれた場所から**友と敵と区別することはできない

――イラン、中国、ベネズエラ、あるいはバッシャール・アル＝アサドが帝国主義にたいする闘いの英雄であるとみなしつつ、確乎たる読解格子を新たにつくりなおす試みはことごとく不首尾に終わるだろう。いったい誰が**この場所から**リビアの蜂起の本性について正確に語ることができただろうか？　タクシムの占拠において、旧来のケマル主義とは異なる未曾有の世界への願いがあったとしても、いったい誰がそれらの絡み合いを解きほぐすことができるのだろうか？　それにマイダンは？　マイダンの状況はどこまですすんでいるのだろうか？　見にいかなければならない。出会いにいかなければならない。そしてもろもろの運動の複雑さのなかで、共通の友、ありうべき連合関係、必然的な衝突といったものを感知すること。弁証法のロジックではなく、戦略のロジックにしたがって。

われわれの同志であるドゥルーズは、すでに四〇年前にこう記していた。「われわれは最初からどんな中心主義者よりも中心主義的でなければならない。革命的な機械が場所や時期が限定されたローカルな闘争に満足するものではないことはあきらかである。革命的な機械は超欲望的であり、超中心化されているものであって、同時にそれらすべてであるはずである。したがって問題は、欲望に固有の複数性を押しつぶすような垂直的なやり方ではなく、横断的になされるべき統合の操作にかかわるものである」。われわれのあいだに結びつきが存在するようになるやいなや、分散というわれわれの党の地理学的な散乱状態は脆弱性をしめすものではなく、逆に、われわれがどのような敵に狙いを定めようともその力を削ぐものになるだろう。二〇一〇年の夏のカイロで、友のひとりが語っていたのもそのことである。「いまのところエジプトで起きていることで救いになるだろうことは、この革命にはリーダーがいないということでしょう。それが警察や国家や政府がもっとも困惑していることです。この事態の進行をとめるために切り落とすべき首がない。ある種のウィルスがみずからの存在をたもつために変異しつづけるように、民衆的で、ヒエラルキーのない、完全に水平的で、有機的でありつつ拡散的であるような組織が維持されようとしています」。国家のように構造化されないものは、組織として、分散的で断片的であるほかないだろうし、その星座的な布置の性質のうちにみいだされるのは、その伝播の力そのものである。われわれがなすべきなのは、ローカルな状況のあいだに、遭遇、回流、理解、そして共謀を組織することである。革命的な作業は、そのある部分は翻訳の作業となる。叛乱のエスペラントは存在しない。叛徒がアナキストとして語るのではなく、アナキストが多くの言語を語るようにならなければならない。

三

われわれに課された難題はつぎのようなものである。組織ではない力をどのようにしてつくりあげることができるのだろうか？　このような問いにたいして、この一世紀をつうじて「自然発生性か組織化か」というテーマをめぐって論争がおこなわれてきたが、有益な答えがひとつもみいだされていないところをみると、問いそれ自体がただしく提起されていないと考えるべきである。このにせの問題が前提としているのはある種の盲目であり、どのようなものであれ「自然発生性」といわれるものすべてに潜在的にそなわっている組織化の諸形態を知覚することができないでいるからである。いかなる生であれ、ましてや共同的な生であればなおさら、存在し、語り、生産し、愛し合い、戦うやり方をそれ自身からにじませており、それゆえ一定の取り決めや習慣や言語といった形態をそなえている。ただ、われわれは生きているもののうちに形態をみないようになってしまっている。そうしたわれわれにとっては、形態とは彫像のようなものであり、たんなる構造や骨組みにすぎない。それがみずから動き、食べ、踊り、歌い、そして叛乱するものであることは夢にも考えない。だが、真の形態には生が内在し、動きのなかでしかそれをとらえることはできない。あるエジプトの同志はわれわれにこう語っていた。「タハリール広場の最初の頃ほど、カイロが生き生きとしたことはなかった。もうなにも機能していなかったので、それぞれが自分のまわりのことに取り組んでいました。ゴミを片づけているひとたちは、すすんで歩道の掃除をしていましたが、さらには歩道を塗りなおし、壁にフレスコ画を描きました。こんなふうに、それぞれが自分のやるべきことに取り組んでいたのです。交通でさえも、交通を制御していた機関が停止してからは、信じられないほど滑らかに流れるようになりました。われわれが突然理解したのは、われわれはもっともシンプルなみぶりを奪われていたということです。そしてそうしたみぶりこそが、街をわれわれのものにし、われわれを街につなぎとめるものであるということです。タハリール広場では、人々はそこにやってくると、自分からすすんでなにかの役に立つことができないかとたずねあいます。料理をしたり、けが人を担架ではこんだり、断幕や防御の盾や石を飛ばすパチンコを準備したりします。そして議論し、歌を作ったりもしました。国家による組織化は、みずから組織化するという人間の能力を否認しているわけですから、じつのところもっとも組織を破壊するものであることがよくわかりました。タハリール広場では、だれも命令する者はいませんでした。あきらかに、もしだれかがリーダーになってすべてを組織しようとしたならば、すぐにでもカオスがおとずれたにちがいありません」。クールベがパリ・コミューンのときに書いたよく知られた手紙を想いおこそう。「パリは真のパラダイスです。警察もいなければ、馬鹿なことをする者もいません。どのような略奪もなく、口論もありません。パリはひとりでにルーレットがまわるように動いています。いつまでもこのままであるべきです。ひとことでいえば、本当にうっとりするぐらい美しい」。一九三六年のスペインのアラゴンにおける生産手段の共有化から近年の広場の占拠にいたるまで、同様の魅惑的な美しさについての語る証言の数々は歴史の常数でもある。万人の万人にたいする戦争なるものは、国家の不在によって生じるのではなく、国家が存在するかぎりにおいて狡猾に組織されるものである。

とはいえ、生が自然発生的にうみだすその形態を認識するだけで、あとはちょっとした自然発生性にまかせていれば、その形態を維持し成長させ、しかるべきものに変貌させることができるというわけではけっしてない。むしろ逆に、不断の注意と規律がもとめられる。もちろんここでいう注意とは、外からなにも理解せずに管理するために、ただひたすらネットワークをつうじて把握される流動性やフィードバックや水平性といった、活動家もマネジメントの前衛もともにしがみついてるような、サイバネティクスの瞬間的な反射としての注意ではない。また規律といっても、それは外から押しつけられるものでも、軍隊的な盲従をもとめるものでもないし、いたるところでほとんど国家の付属物のようにもなっている労働運動の旧弊な組織に由来するものでもない。われわれの語る注意と規律は、力能にたいして、その状態と増大にたいして適用される。それらは力能を削ぐものの徴候を見逃さず、力能をはぐくむものを見抜く。それらはあるがままであることと、コミューンの痛手となるなすがままになることをとりちがえない。それらはすべてを共有するという口実のもとで、なにもかもがいっしょくたにならないようにする。それらは特別な者たちだけにもとめられるのではなく、だれもが自分からもとめるものである。それらは真の共有がなされるための条件であると同時にその目的でもあり、そして繊細さのあかしでもある。それらはインフォーマルなものの専制にたいするわれわれの砦である。それらはわれわれの党の織りなす組成そのものである。ネオリベラルの反革命がつづいた四〇年のあいだに、規律と喜びの結びつきはすっかり忘れ去られてしまった。いまやそれを再発見するだろう。本当の規律が対象としているのは、組織化の外的なしるしではなく、力能の内的な発達である。

四

革命の伝統は、先天的な欠陥であるかのように主意主義にとりつかれている。はりつめた気持ちで明日にむかって生きること、勝利にむかってあゆみをすすめること、そうしてなんとかして現在を耐えていくのだろうが、現在のおぞましさを見てみぬふりをすることもできない。シニシズムが最悪でもっともありふれたオプションとなる。こうした時代の革命勢力というものは、むしろ粘り強く力能の増大に留意すべきだろう。このような問題は、権力をとるかどうかという無効になってしまったテーマの背後でながらく抑圧されてきたので、その問題にとりくもうとすると、われわれはどちらかといえば必要な手立てを欠いていることに気づく。われわれの運動の力能を正確に見積もる官僚たちにはことかかないが、やつらは**手段**として、**やつらの目的**の手段としての見積もりをだしているにすぎない。だが、力能そのものをはぐくむ習慣がわれわれにはない。われわれはそうした力能が存在することをぼんやりと知っているし、それが実を結ぶことがあれば気づきもする。だが、それを「実存」にかかわるあらゆるものといっしょにして、ぞんざいにあつかっている。この件については、ある種の文盲状態が支配しているが、それはラディカルの業界によって、悪しきかたちでつむぎだされるものと無縁ではない。そうした業界では、それぞれの小集団が企業のように、政治的なマーケットのわずかな取り分をめぐって悲壮な決意で闘いをくりひろげているが、そこでは愚かなことに、ライバルを誹謗しておとしめることで自分の力が高まると信じられている。これは端的な誤りである。力能は敵と闘うことでえられるが、おとしめることではえられない。そうしたラディカルの誤ったふるまいにくらべれば、食人の習慣そのもののほうがましだろう。敵を食べるのは敵を敬っているからであり、それゆえにみずからの力をやしなうことができるのだから。

みずからの力能をはぐくむということについて、革命の伝統のなかにくみとるべきものが欠けているならば、比較神話学を参照することもありうることだろう。周知のように、デュメジルはそのインド＝ヨーロッパ語族の神話研究で、名高い三分割にいきつくことになる。「司祭、戦死、そして生産者という分割というかたちで、魔術的かつ法的な主権、身体的かつもっぱら好戦的な力、そしておだやかで実り多い豊かさといったものの「機能」がヒエラルキーをともなって分節されているのである」。デュメジルのいう「機能」のあいだのヒエラルキーは無視して、むしろ三つの次元について語ってみたい。

われわれは以下のように考える。いかなる力能も、精神、強さ、豊かさという三つの次元をもっている、と。力能を増大させる条件とは、これら三つの次元をともに維持することである。歴史的な力能であるかぎりにおいて、革命的な運動とは、理論や文学や芸術や形而上学などのかたちをとりながら、精神的なものの表現が展開されたものであり、また攻撃的であるか自己防衛的であるかにかかわりなく、戦士的な能力が発揮されたものであり、さらに物質的な手段や場所の豊かさもそなえているものである。こうした三つの次元が時間と空間をつうじてさまざまに組み合わされることで、そのたびごとに特異な形態や夢となって、威力や歴史となってあらわれてきた。だが、こうした三つの次元のそれぞれが自律的な相互関係をとりむすぶことなく、運動は退化してしまった。武装した前衛、理論的なセクト、あるいはオルタナティヴな試みといったものは、そうした退化のなれのはてである。赤い旅団、シチュアシオニスト、そして「不服従の者たち(Désobéissants)」のクラブ――失礼、「ソーシャル・センター」。これらは、革命の失敗のありふれたイメージになってしまった。力能の増大に留意することは、どのような革命勢力であれ、それぞれの次元で同時にものごとをすすめることを要求する。攻撃的な平面にこだわりすぎるならば、結局は鋭敏な観念を欠くことになり、また物質的な豊かさをそこなうことになるだろう。理論的な活動をやめてしまうことは、かならずや資本の運動にとらえられてみじめな状態になるだろうし、われわれの場所において生を思考する能力をうしなうことでもあるだろう。われわれの手で諸世界をつくることをやめれば、幽霊のような存在になってしまうだろう。
「幸福とはなにか？　それは力能が**増大し**、障害がのりこえられつつあるという手ごたえである」と、友のひとりが書きしるしていた。

革命的になること、それは困難ではあるが無媒介の幸福をみずからにまねきよせることである。

われわれはできれば手短にやりたかった。いらないものは
系譜学、語源学、引用。詩がひとつ
歌がひとつあればじゅうぶんだろう、と。
「革命」と壁に書きつけるだけで街路が燃えあがる
そうであればいいとわれわれは思っていた。
だが現在のもつれをときほぐす必要があったし、それに
数千年の
あやまちにけりをつけることもときには必要だった。
歴史的な激動の七年を咀嚼するこころみも
必要だった。そして誤解のうえに激動が花ひらいた
ひとつの世界を読み解くことも。
だれかが時間をかけて読むことを、
願いながらわれわれは時間をかけて書いた。
書くことは虚栄である、それが友にむけられていなければ。たとえ
いまだ見知らぬ友にむけてであっても。

われわれは、これからの数年後には、いたるところにいるだろう、
それが焼け落ちるところには。
猶予の時代には、われわれが出会うのは
むずかしくない。
ここではじめられた
究明のこころみをわれわれはつづけるだろう。
論理的な標的にたいして
われわれの諸力を集めるべき時と場所があるだろう。
われわれが再会し
討論するための時と場所があるだろう。
われわれは知らない、英雄的な襲撃として
蜂起がたちあらわれるか、それともそれが惑星規模の
嗚咽となるか——何十年もの麻痺や悲惨や愚劣のあとの
感受性の荒々しいたかぶりとなって。
ファシストという選択が

革命よりも好まれないという保証はなにもない。
われわれはやるべきことをするだけだろう。
思考すること、攻撃すること、建設すること——それが空前の前線である。
このテクストはひとつのプランのはじまりである。
ではさっそく、

不可視委員会

訳者あとがき

本書は *A nos amis*, comité invisible, 2014 の全訳である。不可視委員会の書物としては『来たるべき蜂起』（*L'insurrection qui vient*, La Fabrique, 2007；『来たるべき蜂起』翻訳委員会、彩流社、2010年）についで二冊目となる。この邦訳は「八カ国語、四大陸で同時的に刊行」するという不可視委員会のプロジェクトの一環としてすすめられた。フランス語原文からの訳出にあたっては、すでに刊行されている英訳版をとりわけ参照した（*To our friends*, translated by Robert Hurley, Semiotext(e), 2014）。不可視委員会の前身であるティクーン Tiqqun の詳細については『来たるべき蜂起』のあとがきを参照していただきたいが、ここではティクーンの到達点のひとつであり、かつ本書で深められる画期的な論考として「装置論」（« Une métaphysique critique pourrait naître comme science des dispositifs... », in *Tiqqun 2*, Les Belles-Lettres, 2001;『反―装置論：新しいラッダイト的直観の到来』所収、以文社、2012年）を挙げておこう。また本書との関連でいえば、現代戦争論の傑作「ヤングガール・セオリーのための基本資料」（« Premiers matériaux pour une théorie de la Jeune-Fille », in *Tiqqun 1*, auto-édition, 1999 ; rééd., VLCP, 2006）の書籍版に付された序文も重要である（『HAPAX』vol.4所収、夜光社、2015年）。

*

前著『来たるべき蜂起』から『われわれの友へ』までの七年間は、惑星規模で蜂起の共鳴がおこった歳月だった。二〇〇八年のギリシャを嚆矢とする世界各地での暴動。二〇一〇年のチュニジアを皮切りとするアラブ世界での蜂起の数々。そのなかでも二〇一一年のエジプトにおけるモハメド・ブアジジの焼身自殺というみぶりは、オキュパイ・ウォールストリートのみならず世界中に「広場の運動」を現出させたのだった。そこに胚胎していたコミューン主義は、イタリアとフランスのNo TAVやフランスのノートルダム・デ・ランドでの空港建設反対運動、トルコのタクシム広場での反政府運動において全面化する。ハッカーたちの華々しい活躍も忘れてはならない。

だがこの歳月はまた、シリアの泥沼化とイスラム国の台頭、トロイカによるギリシャ蜂起鎮圧と無力感の瀰漫、そして革命派の無力の裏返しとしてのファシズムの勢力拡大といった反動によっても染めあげられている。かかる反動の究極のあらわれが二〇一五年十一月十三日に発生したパリ同時多発テロだろう。『来たるべき蜂起』の背景には二〇〇五年のフランス郊外暴動があったが、その郊外暴動の延長上に今回の同時多発テロを位置づけることはまったくの誤謬である。郊外暴動において、叛徒たちは社会の「装置」に狙いを定めていた。叛徒たちはたがいに連絡をとりあうことなく、夜陰に乗じて車やバスや公共施設に次々と火を放った。わずか三週間で一万台もの車輛が燃やされ、不測の事故によって二人の死者が出てしまった。これにたいして、同時多発テロの標的はひとであり、レストランやライブハウスにつどう一三〇人が銃弾や爆弾によって殺害されたのである。暴動が「われわれ」の側の力能の発現だったとすれば、同時多発テロをつらぬいているのはそれとはまったく異質の国家の狂気である。暴動が怒りと歓喜の炎だったとすれば、テロには有志連合による空爆と同じ恐怖による支配しかない。国家の狂気の側につくのか、それとも反国家の暴動の側につくのか。われわれはあざむかれてはならない。3・12の福島第一原発事故にしてもそうである。事故後の日本列島に露呈していたのは国家とわれわれのアナーキーな非対称性である。たとえば、放射能が被曝と恐怖をもたらす国家の狂気そのものであるならば、反被曝が反国家の最前線となる。放射能をたべることが文字どおり国家の狂気を内面化することであるならば、反被曝は「生命的正気」（D・H・ロレンス）の側につくことである。かかる反国家＝反被曝として反原発運動が浮かび上がったモメントはたしかに存在しただろう。ところがわれわれはいまや、被曝統治下における反動の昂進というべき状況にでくわしている。反動の昂進、それはわれわれの無力の裏面であるだろう。ならば国家の狂気を斥けることができるのは、義憤した民主主義者たちのうつろな「平和」の叫びではない。非対称の論理につらぬかれた別の「戦争」に勝利することである。だからこそ、この書物が読まれる価値がある。本書は、蜂起と対蜂起、革命と反革命がもつれあう「歴史的な激動の七年」をときほぐしつつ、終末論や敗北主義のみじんもない革命にむけて放たれた一本の矢にほかならない。「思考すること、攻撃すること、建設すること」――かかる「空前の前線」でわれわれは不可視委員会と出会うだろう。

本書の出版を快諾していただいた夜光社の川人寧幸氏に感謝したい。

二〇一五年十一月
HAPAX

われわれの友へ

2016年1月15日　第一刷発行

著　者　不可視委員会
訳　者　HAPAX
発行者　川人寧幸
発行所　夜光社
〒145-0071 大田区田園調布 4-42-24
電話 03-6715-6121　FAX03-3721-1922
Yakosha 4-42-24, Den'en-Chofu, Ota-ku, Tokyo, Japan 145-0071
booksyakosha@gmail.com
印刷製本　シナノ書籍印刷

Printed in Japan
© Comité invisible, 2014.

本書と同時刊行！

HAPAX vol.5　特集『われわれの友へ』

コミューン主義とは何か？ / HAPAX
革命のシャーマンたちが呼び出したものたち／李珍景
日本からの手紙――terrestritude のために／友常勉
都市を終わらせる――資本主義、文化、ミトコンドリア／反－都市連盟びわ湖支部
「われわれの友へ」、世界反革命勢力後方からの注釈／チョッケツ東アジア by 東アジア拒日非武装戦線
壁を猛り狂わせる／堀千晶
隷属への否――不可視委員会とともに／中村隆之
コミューンのテオクリトスたちによせて／入江公康
永山則夫について／鼠研究会
真の戦争／『ランディ・マタン』誌論説
ISBN978-4-906944-08-8　本体 900 円　2016 年 1 月刊

HAPAX バックナンバー

HAPAX VOL.1

イカタ蜂起のための断章と注釈／ HAPAX>> アポカリプス＆アナーキー・アフター・フクシマ／ Apocalypse +/ Anarchy>> 終わりなき限りなき闘争の言葉／高祖岩三郎 >> 底なしの空間に位置づけられて：インターフェイス論に向けて／ co.op/t>> それいいね、それなら…… ／犯罪学発展協会 >> 悲惨と負債　剰余人口と剰余資本の論理と歴史について／エンドノー ツ >> 全てはご破算　コミュニズム万歳！／ティクーン >> 暴動論のための 12 章／鼠研究会 >> シャド伯爵夫人の秘密の晩餐／ KM 舎 >> ハロー　どこでもない場所からのあいさつ >> 鋤も鍬もない農民／アンナ R 家族同盟
ISBN978 -4-906944-01-9　本体 1000 円　2013 年 9 月刊

HAPAX VOL.2

われわれはスラムの戦争をつくりだす／ HAPAX>> ゾミア外伝 >> 逃散と共鳴り／高祖岩三郎 >> 流動的－下層－労働者／友常勉 >> 傷んだ肉と野菜くずの蟹漬け－あるいは水管の咆哮／影丸 13 号 >> 経験的戦前映像論／ Takun!>> 待機経路：進行中の危機と 2011-13 年の階級闘争／エンドノーツ＃３ >> 内戦の倫理／ティクーン >> レッツ・ビカム・デンジャラス――黒いインターナショナルの拡散のために／炎上細胞共謀団 FAI/IRF 収監メンバー細胞 >> 黒い死装束――労働、肉、形式について／エヴァン・カルダー・ウイリアムス
ISBN978-4-906944-04-0　本体 1200 円　2014 年 6 月刊

HAPAX vol.3――健康と狂気

新しい健康を発明せよ！／ HAPAX>> 狂気の真理への勇気／小泉義之 >>〈戦争国家革命〉前夜／友常勉 >> 水煙草、パンクス、〈分断法〉／シーシャ＝ヤニスタ解放戦線 +TOD>> 蜂起的イスタンブール ／ Snoopy+ 高祖岩三郎 >> ロジャヴァ：国境を破壊し自律を目指す闘争／アリ・ベクタシ >> 悲惨ノート／ Deng!>> 孤独へと浮上せよ／アンナ・R>> 二〇一四年六月の恋唄／ マニュエル・ヤン
ISBN978-4-906944-05-7　本体 1000 円　2015 年 2 月刊

HAPAX vol.4――戦争と革命

無条件革命論 ―― われわれには守るべき約束などない／ HAPAX>> 来たるべき領土、来たるべき民衆 ―― 観念的世界革命論を越えて／小泉義之 >> 性の軍事化と戦争機械／友常勉 >>『ヤングガール・セオリーのための基本資料』序文／ティクーン >> アナーキーのための『アンチ・モラリア』の要約／マーク・ダガン協会 >>〈脱－様相〉のアナーキズムについて／江川隆男 >> どぶねずみたちのコミュニズム／鼠研究会 >> トーキョー日記／マニュエル・ヤン >> 不可視委員会へのインタビュー
ISBN978-4-906944-06-4　本体 900 円　2015 年 7 月刊

夜光社